中央电视台科教节目制作中心　凤凰出版传媒集团　联合打造
"大家丛书"

程泰宁传

儒匠

丁七玲　著

江苏人民出版社

图书在版编目(CIP)数据

儒匠:程泰宁传/丁七玲著.--南京:江苏人民
出版社,2023.2
(大家丛书)
ISBN 978-7-214-27829-6

Ⅰ.①儒… Ⅱ.①丁… Ⅲ.①程泰宁一传记 Ⅳ.
①K826.16

中国版本图书馆 CIP 数据核字(2022)第 256834 号

书　　　名　儒匠——程泰宁传
著　　　者　丁七玲
责 任 编 辑　金书羽
特 约 编 辑　陆诗濛
装 帧 设 计　许文菲
责 任 监 制　王　娟
出 版 发 行　江苏人民出版社
地　　　址　南京市湖南路 1 号 A 楼,邮编:210009
照　　　排　江苏凤凰制版有限公司
印　　　刷　江苏凤凰通达印刷有限公司
开　　　本　880 毫米×1 230 毫米　1/32
印　　　张　5.875　插页 2
字　　　数　124 千字
版　　　次　2023 年 2 月第 1 版
印　　　次　2023 年 2 月第 1 次印刷
标 准 书 号　ISBN 978-7-214-27829-6
定　　　价　28.00 元

(江苏人民出版社图书凡印装错误可向承印厂调换)

目 录

1

第一章　童年散记

□ 1．那个时代

　　公元 1935 年,在世界建筑史上是一个特殊的年份。不经意间,翻开流年,从历史的线装书中,抽出这页泛黄的故纸,抖落一地尘埃,已模糊的历史痕迹,顷刻间鲜活起来。

　　20 世纪上半叶,建筑设计出现新思路,现代主义成为世界建筑的主流。1935 年,似乎是建筑的幸运年,世界上有许多著名建筑学家在这一年出生:被誉为"白色派"教父的理查德·迈耶(Richard Meier)、世界十大著名建筑师之一的诺曼·福斯特(Norman Foster)、"意大利国宝级建筑设计大师"马里奥·贝利尼(Mario Bellini);抑或是在建筑学思想或作品上产生突破:柯布西耶(Le Corbusier)提出了影响深远的"光明城市"理论(La Ville Radieuse)、赖特(Frank Lloyd Wright)设计出曾被称许为"美国史上最伟大的建筑物"的流水别墅……

　　此时的中国,建筑学正艰难起步。延续逾千年的古建与园林设计,产生了世界性的影响。然而到了近代,出于现代生活功能方面的考虑,中国古建筑文化渐渐淡出人们的视

野,建筑设计传承遇到断层,除少数建筑工匠及半路出家的设计者,当时中国并无正统的建筑设计人才。裂痕所在,光之来处。为弥补断层,从 20 世纪初开始,中国陆续向欧、美、日等国派遣建筑科留学生,培养了杨廷宝、梁思成、林徽因、童寯、范文照、赵深、陈植等一批精英人才,他们后来成为中国第一代建筑大师。这些人把所学带回祖国,应用于建筑实践,并建立起自己的建筑教育系统,培养了一代又一代的人才。

著名的建筑学家、工程院院士、中国第三代建筑大师群的代表人物之一——程泰宁,即在其后登上历史舞台,延续了他们在 20 世纪上半叶所创造的建筑奇迹。

1935 年 12 月 9 日,程泰宁出生于江苏省南京市。"江南佳丽地,金陵帝王州。逶迤带绿水,迢递起朱楼。""把江山好处付公来,金陵帝王州。想今年燕子,依然认得,王谢风流。"说的都是南京。这座有着 2500 多年建城史的古城,位于长江东南,三面被钟山山脉环绕,乃龙盘虎踞之地。其地山川清丽。孝陵所在的紫金山起伏蜿蜒,烟霞殊色,蔚为奇观。更有秣陵烟月,江宁照雪,玄武湖春碧水长,莫愁两岸湖柳如烟。孙中山先生曾称赞南京说:"其位置乃在一美善之地,其地有高山,有深水,有平原,此三种天工钟毓一处,在世界中之大都市,诚难觅此佳境也。"

国民政府在 1927 年迁都南京之后的 10 年里,进行了大规模的建设,成绩斐然,政治、经济环境相对稳定,文化繁荣发展,被有些人称为"黄金十年"。程泰宁出生的时候,正赶上繁荣的尾巴。当时的金陵,"有了全国最好的柏油路,有了富丽雄伟的会堂、官廨、学校、戏院、商号、饭店、菜馆、咖啡店乃至私人住宅"。作为荆楚文化、吴越文化以及齐鲁文化的交汇点，南京有很强的文化包容性，百姓风度优雅，心境淡然，恰如古城的春景："逶迤曲巷，在春城斜角，绿杨荫里。赭白青黄墙砌石，门映碧溪流水。细雨饧箫，斜阳牧笛，一径穿桃李。风吹花落，落花风又吹起。"

☐2．家世，家史

程泰宁的祖父程敏斋，安徽婺源（今属江西）人，擅书法，早年开过字画装裱店。然而，他不满足小富即安的状态，想获得更大的舞台。在北洋政府期间，程敏斋经保荐被选为安徽寿县县长。国民政府时期，他考入山西省行政院。嗣后，被调至南京国民政府工作，全家搬到了首都。

程泰宁的父亲程子敏，是程敏斋唯一的儿子。1925年孙中山先生逝世，程子敏作为童子军维持追悼会的秩序，目睹国民对中山先生的崇敬，激发了他的民族意识和爱国热情，从此成为中山先生三民主义的忠诚追随者。在中学时，他曾听过革命先驱恽代英、萧楚女的演讲，受到了进步思想的熏陶。1926年大革命时期，15岁的程子敏加入了国民党，后因不满蒋介石的清党独裁，参加了反对蒋介石独裁的"改组派"，一度被国民党开除党籍。1931年从上海持志大学（上海外国语学院前身）文学系毕业后，就职于国民政府内政部地政司。那时，他已成家，随着孩子的出生，家庭责任感陡然倍增，程子敏变得越来越沉稳，满腔的民主革命热情化为工作动力。凭着聪明的才智和负责的态度，在事业上渐见起色，因成绩优异，参加过几次由蒋介石亲自主持的表扬会。后因业务需要单独接触蒋介石时，一般是蒋提出询问，程子敏据

甘仲琴像

实回答。有趣的是,在程子敏回答时,蒋只是"嗯、嗯",一般不做任何指示。

程泰宁的外祖家甘氏是金陵望族,素有藏书传统,早年藏书于"桐阴小筑"。后来,甘福在藏书楼旧宅的基础上,修建了甘家大院,号称"九十九间半",成为金陵最大的古民宅建筑,与明孝陵、明城墙并称南京三大明清景观。甘铉(字仲琴),即程泰宁的外祖父,是甘福曾孙,曾担任南京总商会的会长、中华民国临时参议院参议,与张静江、茅以升等人一起创办了中央商场。作为金陵城的商界领袖,甘仲琴一直热心慈善事业,是南京著名的慈善机构崇善堂的负责人,曾创办"管丰备仓",积仓济贫。甘仲琴有着浓浓的爱国情怀。五卅惨案发生后,他在传奇英雄华克之的建议下,动员全市各商号罢市三天,并向全市人民发出通告抵制英货,以实际行动支援反帝斗争。

由于甘仲琴与其家人在商界、政界、艺术界的地位和影响,民国政要、社会名流时常出入甘家大院,院内长年绵竹之声悠扬,来往访客车水马龙。程泰宁的母亲甘月华,就出生在这样一个特别有名望的家族。她是甘仲琴的第四个孩子,人称"四小姐"。甘月华是一个典型的大家闺秀,性格温婉,待人和善。与程子敏结婚后,伉俪情深,不久就有了爱情的结晶,程泰宁是他们的第三个孩子。

程泰宁的父亲程子敏与母亲甘月华

旧时光,声声慢。太太们的日常生活,除了欣赏慢悠悠的昆曲、京剧,就是靠打牌消磨时光了。程泰宁曾回忆:

> 童年的经历可谓丰富,但我对童年却只有碎片式的记忆,而且四五岁前的事情,都是后来祖母和父母亲告诉我的。据他们说,我从小就"不识眉眼"(南京俚语,意即不懂察言观色),而且任性,常常做出一些令人生厌,但人们又无可奈何的事情来。出生后不久住在南京,母亲常常回娘家玩牌,两个奶妈带着我和小我一岁的弟弟同去母亲家玩耍,而我每次一到那里就放声大哭,闹着要回家。以至弟弟的奶妈在母亲的牌局结束后,总能"抽头"得到些外快,而我的奶妈却没有,这使我的奶妈很不爽。①

---

① 程泰宁:《似真似幻说童年》,金磊主编:《建筑师的童年》,中国建筑工业出版社,2014 年 5 月。

□ 3．避难鱼洞溪

所谓的岁月静好、一生清澈无忧,不过是一种理想。1937年七七事变后,中国的大片河山沦陷于日寇铁蹄之下,刹那间天地变色,山河呜咽。为了适应抗战的需要,国民政府开始西迁。作为政府公务人员,程泰宁的祖父与父亲,跟着政府一起大撤退,先走上了迁徙之路。

日本人想利用甘仲琴在南京商界中的地位和威望,重振沦陷后的南京商业,烘托虚假繁荣稳定景象,以配合伪政府的成立,就派人递话给甘仲琴,让他担任维持会会长。甘仲琴知道,如果答应日本人,自己将会继续过着富足安逸的生活,还将获得相应的社会地位。但是,让他当汉奸,他万万做不到,遂坚拒日伪邀请。对他而言,首先考虑的不是权力、地位,而是民族的气节、世家的荣誉以及国民的责任。云山苍苍,江水泱泱,甘铉老先生的铮铮风骨,山高水长,终古不灭。

随着日军逼近金陵,程泰宁一家不得不放弃南京的家业逃亡四川避难(甘仲琴也随后投奔而来)。大家匆忙带上换洗衣服,走上逃难之路。他们有车坐车,有船坐船,无车无船就徒步跋涉。途中遇到一条湍急的河流,河上架着窄窄的独木桥,程家人分乘几架驴车逐次过桥。刚到桥中,一头驴子害怕,拼命挣扎,忽然连驴带车一起跌落河中。同行的人急忙跳到河中去拉人,程泰宁的大弟弟因为呛水差点丧命。经过诸多艰难险阻,终于来到重庆。

"城郭生成造化镌,如麻舟楫两崖边。江流自古书巴字,山色今朝画巨然。"被定为陪都的重庆,是我国西南地区最大的城市。随着人口大量迁入,这座山城一度成为中国政治与文化中心。为逼中国投降,日寇对重庆开始了丧心病狂的大轰炸。为了减轻人民生命和财产损失,国民政府安排民众向周边地区疏散。出于这些考虑,程子敏把家人安置在离重庆30公里的鱼洞溪镇(现为巴县)。

鱼洞溪具有显著的巴渝地区码头风貌,街巷随坡就势、蜿蜒曲折。程家暂住在镇中心的张爷庙。程子敏跟当地的袍哥有生意往来,托他们帮忙找房子,很快搬到袍哥给找的大房子"一心善堂"。这是一座两层小楼,建在半山腰,有一个独立的小院,白墙黑瓦的院落,因战乱失修,已破败不堪。小楼的一层有几家住户,程家住二楼,房间周围是一条不宽的回廊,在回廊眺望,江水迢迢,烟雨苍苍。此处自然比不上金陵程家,更不要说"九十九间半"的甘家大院了,可好歹能在乱世中遮风避雨,如此足矣。程家在这里一住就是7年。

可惜乱世桃园非乐土。为了尽快瓦解中国民众的抵抗意志,日寇对重庆及其周边地区实行无差别轰炸,不管是军事区还是居民区,都会残忍地投下炸弹。每次空袭过后,到处是残垣断壁,满目疮痍。

家国危难心中忧思不断,兼之生活环境发生骤变,又上了年纪,两年后,甘仲琴病倒了。

西风渐寒,木叶飘下,落花辞去枝头,松散的流云被吹散。这位孱弱的老人躺在病床上。到了一生的终末,他回眸往昔,蓦然发现,昔日的辉煌与繁华,已是经年隔世。在祖国辽阔的土地上,视死如归的勇敢的军人,正在反抗异族的欺凌,可惜自己等不到国土光复的那一天。"敌人驰骋在国土上,而我们的战士都已横尸沙场。唉,以往令人欢娱的琴弦碎裂了,我们乡土的清曲妙舞也沉寂了;只有战歌传扬起来,

我们耳中还似响着厮杀声和剑戟的铮鸣。但英雄们都何在？他们死得英豪，他们不是在荒原血泊中卧倒，就是任自己的阴魂凌驾着风暴——'同胞们，复仇呀！'"①

路途漫漫，星光澹澹，彻骨的风寒直透心底，千般落寞，无人说。1939年，甘仲琴在重庆鱼洞溪逝世，享年七十岁。

□ 4．调皮闯祸的孩子王

程泰宁的祖父与父亲都在重庆上班，因为地势原因，选择坐滑竿回家。1940年的一天，在他们回家途中，突遇日机空袭，抬着程敏斋的一个轿夫被吓到了，身子一侧，坐轿的程敏斋随之栽倒，从轿子上跌了下来。程敏斋患有高血压，因为这次意外摔伤引发的脑出血，很快就去世了。程泰宁那时才5岁，他对祖父去世只有一个印象：满屋子都是穿白衣服的人。在遭受苦难的国土上，这样的悲剧每天都在发生。

祖父去世后，祖母心灰意冷，把家里的中馈交给了儿媳，自己全心照顾大孙子程泰宁。祖母当时五十岁左右，头发总是一丝不苟地梳向脑后，盘成一个低发髻。她眉毛疏淡，眼睛大而明亮，圆圆的脸上挂着慈祥的微笑，令人心生温暖与亲近。她心地良善，待人随和。受祖母的影响，程家人口虽多，却能互相体谅，相亲相爱，家庭氛围很温馨。

在程泰宁的记忆里，小时候祖母是比母亲更亲密的人。夏日的夜晚，祖母慢慢地拍他的后背，用蒲扇为他驱赶蚊子，

---

① ［英］雪莱：《爱尔兰人之歌》，周煦良主编：《外国文学作品选》第二卷，上海译文出版社，1979年11月。

在重庆时相亲相爱的一家人(前排右起程泰宁、姐姐润芳、大弟永宁;二排右起妹妹庆芳、祖母[手中抱着小弟退宁]、小姑母杏官;后排父亲、母亲)

口中轻哼着催眠曲,直到他在轻抚下沉沉睡去。

那时程家生活困难,祖母总是想方设法给程泰宁变出好吃的。只要听到"老大,出来一趟!",程泰宁就知道,奶奶又要领他买零食了。程家所住善堂建在坡上,旁有台阶,通往坡下店铺。祖母是小脚,走路很不稳当,每次上下台阶,都是

一次折磨。祖母攥着程泰宁的小手，靠脚后跟慢慢挪，艰难地往下走。到了下面的小店里，买一个咸鸭蛋或几块糖果给孙子改善一下生活。看到程泰宁吃得香甜，祖母嘴角露出了微笑。

外祖父、祖父的先后去世，让程泰宁有了死亡的概念，常常暗自忧虑，担心祖母哪一天也会离开他。有一天，程子敏请人来算命，程泰宁躲到门后偷听。算命先生讲的那些升官发财的话，他都不感兴趣，当听到算祖母寿命的时候，就竖起了耳朵。只听算命先生煞有其事地说："老太太应该活到某年才走。"此后他总是提心吊胆，常常做噩梦以至哭醒，直到祖母平安度过那一年，心里的石头才算落了地。

可任谁也挽不回那场分离。祖母是在"文革"期间没的，从未请过假的程泰宁，在祖母病危期间，告假 40 天，一直守在病床前，直至祖孙二人生死相隔，渐行渐远。

在以后的岁月里，程泰宁常想起与祖母相处的时光，点点滴滴，特别淳朴，有些琐碎，当时只觉是平常。直到长大后的某天，他才猛然明白其中的深刻：祖母紧紧地牵着他，从台阶上侧着身子，一点点地往下挪，一步复一步，身后留下的，是时光与亲情的羁绊。那些看似平淡的小事，背后蕴含着隽永的爱。此去经年，祖母已成永别。那一瞬间，他心中大恸，泪不能止。

老太太宠爱程泰宁，也只管他的吃、穿、住，父亲远在重庆，母亲要打理一大家子的中馈，对他只能采取放养式教育，他整天跑到外面去玩、去野、去疯，完全是自由成长。这种粗放式的散养，对程泰宁性格的形成影响颇深。由于缺少父母的经验和指点，他对人警惕性低，为人处世方面也不懂圆滑。

　　程家所住那一片儿,孩童很多。程泰宁在那群孩子里,年龄不是最大,身体也不是最结实,可大伙儿觉得他见识多,自愿推举他当头儿。程泰宁还觉得少了点什么,扭头四下看了看,发现坡下木材店外堆着的木枋,有了主意,对小伙伴们说:"我连个聚义厅都没有,太不像样子了。你们拿这些木枋,给我搭一个聚义厅,咱们在这儿安营扎寨、占山为王,好不好?"

　　大伙儿都喊好。不过木枋又重又高,孩子们既搬不动也够不着。程泰宁发现木垛"码"在一个斜坡上,他眼珠一转,指挥小伙伴们:"这样吧,咱们先推散木垛,再把木枋一个个捡起。来,大家一起使劲,从上往下推!"

　　七八个小孩上去就推,哪知木垛堆得不牢,这么一推,整垛木枋完全垮塌,有些滚下四五米的斜坡,滚到青石板街道上,发出"哗啦啦"的巨响,大家吓呆了。程泰宁喊了声:"快跑!"小伙伴们一溜烟地跑得无影无踪。程泰宁第一次指挥人造房子的壮举,就这么流产了。

　　他很讲义气,一人断后,其实心里也打鼓,知道这次祸闯大了。他心怀鬼胎地溜回家,盘算着可能要挨家里骂,街坊邻居或许也会上门找碴。提心吊胆了好几天,也没有什么反应,这才把悬着的一颗心放下来。

　　那时程泰宁特别调皮,成日带着小孩惹是生非,几乎天天闯祸。由于儿子不服管教,甘月华有一次实在气急,就让程泰宁跪到善堂的大院子里,当众罚跪。还请人写了"忤逆不孝"四个字,贴在他的床头。

　　程泰宁当时非常委屈,完全没有注意母亲的反应。后来,他回忆起当时的一个细节:罚跪后,母亲一个人默默地抽泣。他突然意识到,母亲也有她的不易,母亲的一些行为,可

能有她的无奈。他后来写道：

> "逃难"到四川不久，祖父和外祖父相继去世，全家十几口人全赖父亲的很少的"薪水"支撑，而父亲远在百里以外的重庆上班，一、两个月才回家一次，这一大家子实际上是靠母亲操持。此时的母亲已不是抗战前在南京经常回娘家打牌的那个"四小姐"了。经济上的窘迫、家事的繁杂、客居异地他乡的种种不便，使母亲身心俱疲，年纪还轻的她就曾因劳累而吐血。在这种情况下，面对我这个常常闹事而又总不听话的孩子，迫使她痛下一次"狠手"这心情是完全可以理解的。那时的我也隐隐地觉得自己的不对，因此默默地接受了母亲的责罚并心怀愧疚。应该说这次"当众罚跪"也给了我幼小的心灵以很大震动，并留下了终生不忘的记忆。①

□5．光与影的魔法

程家刚到鱼洞溪时，坐在家门口，就能看到唱川戏。当时程泰宁才两三岁，对这一幕却留有印象。程家所在的善堂楼下，有个王四爷爷，是个老中医，毛笔字写得很好，给患者开处方时，程泰宁常在一旁观看。王老爷子手持狼毫，饱蘸乌黑的墨汁，在白色的宣纸上笔走龙蛇，顷刻间就写好了药

---

① 程泰宁：《似真似幻说童年》，金磊主编：《建筑师的童年》，中国建筑工业出版社，2014年5月。

方。那些方块字浓墨淡彩，叠叠生香，每个字都似一幅山水画，润中显枯，疏密有度；又宛若一串调皮的音符，节奏徐而不拖，疾而不赶。程泰宁虽未学过书法，对字却很敏感。欣赏完毕，还回去跟弟弟讨论："王四爷爷的字，比爸爸写得好。"

程泰宁小时候很顽皮，也有安静的一面，喜欢独自坐在二楼的走廊上看河。河的对面是绵亘的群山，常年云雾缭绕。每每凝望对面的青山，他的眼前都仿佛浮现出武侠小说中隐逸侠客的身影。

> 山城的"万家灯火"，伸手不见五指的大雾，雨后苍翠的后山，以至在山谷中轰然鸣应的雷声，都会让我心动；看着一艘艘大小不同的船只从这里驶过，我总在想象：它们到底会驶向哪里？①

当地的河床是岩溶地貌，水浅时有卧石露出水面。微雨过后，烟雾溟溟，渔舟点点，真是美极了。燕子低飞，蝉鸣空林，细数秋叶黄，白雨湿渔蓑……四季阴晴流转，每一帧画面都充满意境，令他沉醉、流连，开启他一生对美感的感悟。

细腻敏感的程泰宁，喜欢蕴含真挚情感的戏曲，能从"无声之音"的书法中获得美的感受，亦能与山水共振。对美的直觉，是他的天赋。那时年纪小，他对许多东西都觉得新奇。程家的厨房特别黑，有星星点点的光漏进来，照在粉壁上，白墙就不白了。他坐在矮凳上，对着厨房的墙面能看上半天。

---

① 程泰宁：《似真似幻说童年》，金磊主编：《建筑师的童年》，中国建筑工业出版社，2014 年 5 月。

看什么呢？看墙上光影的变化。遭逢阴雨天，就看脱落的墙皮。那沧桑斑驳的墙面，如一位受伤的老者，身上的伤痕形成深浅不一的线条，虽简单粗糙，却毫无造作之迹，浑然天成。粉壁上的光影、墙疤、壁坼，让程泰宁的心里浮起许多幼稚的幻想。它们像山，像水，似一扇大门、一双眼睛、一只飞舞的蜜蜂……他所看到的，就是这样变化万千的意象，是生活的丰盈，是孩子的诗梦。

他在室内默坐，观墙上风光；楼下水面平静，渔家荡桨的那一刻，水波微荡，真是"颓垣断壁留痕迹，枯藤绕残墙。松林唯听风雨急，不闻弦歌响"。这是完全属于他的心灵世界，在这里，他与自然相遇、相契，令他拥有充满灵性的洞见，获得无法言喻的喜悦，实现书中所说的"冥契"。后来他写道：

> 我特别喜欢坐在我家厨房的矮凳上，痴痴地望着那片积满灰尘、再加上漏雨而显得斑斑驳驳的墙面。从中寻找那每次都有变化的、千奇百怪的图形。这使我后来读中国画论关于用笔如"屋漏痕"的描述，以及现代艺术对模糊性的强调变得很容易理解。①

他对图案、色彩、空间特别敏感。夜晚上床，习惯性地把被子的前部掀开一点，像洞穴一样，造一个很有围合感的空间，只留一点点缝。那时家里点着油灯，昏暗的灯光从缝隙里钻进来，在洞顶形成五颜六色的光晕，覆在被头上，营造出

---

① 程泰宁：《似真似幻说童年》，金磊主编：《建筑师的童年》，中国建筑工业出版社，2014 年 5 月。

一种美丽的氛围。

这个洞穴是临时性的,却像避难所,可以庇护他,让他体验着幸福的安定感。开启的缝隙,仿佛通往另一个世界的入口,彼岸是无限的光明美好。正可谓"从一粒沙看世界,从一朵花看天堂,把永恒纳进一个时辰,把无限握在自己手心"。

他简直迷上了这种感觉,每晚都要经过这个过程,渐渐形成一种神圣的仪式,非得如此忙碌一番,才带着满意的笑容沉沉睡去。那时他还小,以为这不过是自己独有的童趣,后来修读建筑时才明白:"空间通过存在展开,内心空间在世界中展开。存在是圆的,浑圆的形象帮助我们汇聚到自身之中,帮助我们赋予自己最初的构造,帮我们在内心里、通过内部空间肯定我们的存在。"①

□6.沉迷读"闲"书的小孩

程子敏做事勤勉,1944年因表现优秀得到晋升。一有条件,他就在重庆租了房子,把家人接来,全家终于团圆。他们住在重庆对岸,那会儿叫江北,当时挺荒凉的。不过,程家住的条件比以前好多了。

程泰宁在重庆读了一年小学,没过多久,抗战胜利。他上学很早,5岁就在巴县鱼洞溪镇小学读一年级。入学虽早,成绩却不佳,是典型的"输在起跑线上"。只有一样好,就是语文。在他上小学三四年级时,有个语文老师姓罗,在程泰宁充满了

---

① [法]加斯东·巴什拉:《空间的诗学》,上海译文出版社,2013年8月。

童稚的目光里,这位女老师长得特别好看。由于作文写得好,程泰宁受到罗老师的偏爱。罗老师在其他班级没收了好多闲书,课后竟把这些闲书悄悄给了程泰宁。罗老师对他的偏爱,着实满足了一个小孩的虚荣心,他作文愈发用心,想多被夸奖,让罗老师有面子,证明她的眼光好。归功于这位老师,程泰宁关于小学的记忆明亮而愉悦,令他感念至今。

自己对作文上心不说,他还带着弟妹们比赛作文,谁写得好,还发奖票以示鼓励。弟妹们都很合作,因为大哥很会讲故事。被缠得没法子了,程泰宁只能即兴发挥,胡编一通。长大后,弟妹们经常奚落程泰宁,说他小时候讲的故事"格调太低",却也不得不承认挺有想象力的,以至于多年以后,他们还能说出其中的"精彩片段"。

能成为弟弟妹妹心中的"故事大王",与程泰宁在课外时间特别喜欢看"闲书"有关。多年后他回忆说:

> 十岁以前,由于身处偏僻小镇,书源有限,抓到什么看什么,看的书很杂。今天所说的四大名著、《聊斋》《阅微草堂笔记》《二十年目睹之怪现状》《官场现形记》以及比较严肃的读物,如《古文观止》《曾文正公家书》等都在不经意中读过。可能是年龄太小,看有的书只能是"囫囵吞枣""不求甚解"。最喜欢看的是《三国演义》,但关注的也不是天下兴亡的大事,而是反复钻研三国诸将彼此需要"大战"多少回合才能分出胜负,然后对他们武艺的高低进行排名,并力证我所喜欢的赵云应该武艺是最好的大将。[1]

---

[1] 程泰宁:《似真似幻说童年》,金磊主编:《建筑师的童年》,中国建筑工业出版社,2014年5月。

　　读到喜欢的书,他简直快活极了,那种精神上的满足感,真的是无法言说。在戏曲、书法、山水风景等方面的审美体验,提高了程泰宁的心灵意境;对光影的韵律、图案的美丽多变的敏感,注定他与空间艺术一生的羁绊;大量的阅读积累,成就了他的深阅读能力,为他日后的文学素养打下了坚实基础……

　　后来他发现,自己作为设计师完成的创作,比预想中更多地受到了幼少时代环境的影响。那影响隐隐约约,随风飘摇,不可捉摸,然而又无处不在。

　　在和弟妹以及邻家小孩的嬉闹中,在祖孙的牵绊中,在山水的流连中,在光影的追逐中,在书籍的翻阅中,时钟滴滴答答,走过他生命的初春,留下汩汩的亲愁、生命的沉淀。那些存于记忆中的人和事,或懵懂,或惋惜,或欢喜,抑或喟叹,成就了他多样的生命底色。

第二章　与建筑相遇

□ 1 . 少年剑侠梦

　　1945 年日本投降，年底程子敏被调到江苏省地政局（相当于现在的国土资源局），担任局长一职。当时，江苏省的省会设在镇江，程家从重庆搬到镇江。

　　程泰宁随父母到镇江后，随即转入私立京江中学，开始了初中学习生涯。在学校里他年纪最小，却顶顽皮。上初一时，有一次上课，他无意间顶撞了老师——其实算不上顶撞，只是老师让他改错，他却坚信自己的答案是对的。当着全班同学的面，老师脸上实在挂不住，气冲冲地让程泰宁跪在台阶上，全校所有班级的同学经过此处，都会看到他被罚跪。当时程泰宁不过十一二岁，还很小，老师按着他跪下，他不能不跪。但跪的时候，他的脊梁挺得直直，头和下巴也高高昂起，表示自己不服气。当时不服气，以后也不服气。他后来回忆：

　　　　当众罚跪，尤其是在全校同学面前罚跪应该是一件十分丢人的事情，但奇怪的是对于这次罚跪，无论在当时还是后来的回忆,我却丝毫没有羞愧和害怕的感觉。大概是觉得自己并没有做错什么,因此对老师如此羞辱我所激发出来的强烈的抵触情绪,已经盖过了一切其他感觉了。如果说第一次当众罚跪(指妈妈的罚跪)是表面不服气,心里还是服气的,觉得自己是不对,是不应该;但这次罚跪影响我特深,从那时起我一直觉得罚跪对我是一个很大的羞辱。①

正值青春期的他,不自觉地开始寻找自己在这个世界中的定位,自我意识愈发增强,与"强权"(父母、老师)对抗会带给他独立的快感。师长不理解,把他的顶嘴、不服视为逆反。其实他当时有自己的想法,不喜欢别人强加给他的思想和命令。

当年与家人在重庆团聚,程子敏很是欢喜,不过很快就有了新烦恼。他发现在自己缺席的七八年间,程泰宁已从一个小娃娃,成长为个性十足的叛逆少年,不仅不听妻子的话,自己管教他,也是不听。即使动用武力,也不服软,不管是骂还是打,他的头都是昂着的。

程泰宁的叛逆,表明他在成长,是破蛹成蝶的升华。通过长期、痛苦的挣扎、思辨,他最终做到了自尽其性,自完其心。阅读在这个过程中不可或缺。

小时候他是胡乱看书,虽也读了很多书,视野开阔了,但真正对他有影响的有限。离开鱼洞溪镇以后,他迷上了新派武侠小说。鸦片战争之后,中国沦为半殖民地半封建的"东

---

① 程泰宁:《似真似幻说童年》,金磊主编:《建筑师的童年》,中国建筑工业出版社,2014年5月。

亚病夫"，"希望用侠义精神来振兴民志"的新派武侠小说家们登上了历史舞台，涌现出一大批优秀的创作者。程泰宁因为喜欢武侠小说，把还珠楼主、郑证因、白羽、王度庐、朱贞木的小说几乎全看一遍。这些武侠小说里的主人公，往往都要吃一番苦头，下过一番功夫，才创出一片天地，都是命运的强者，他们身上那种遭遇坎坷仍淡定从容的心态、天不怕地不怕的气魄与胆识，以及硬邦邦的骨气，正合程泰宁的胃口。他一直渴望能掌控自己的命运，自然对个性张扬、主动选择命运的侠客心向往之，甚至给自己取了一个"镇三山辖五岳踏浪无痕鬼见愁小诸葛程泰宁"的名号。

江南鹤、李慕白、杨展的惊人武功和侠义人生，给程泰宁打开了一个充满理想的世界，由此萌发了写小说的愿望。十一二岁时，他写过一本小说叫《蜀道奇侠》。主人公是个道士，叫林淡然，程泰宁希望自己笔下的这个主角，能淡然地面对一切。书名明显受到《蜀山奇侠传》的影响，故事内容全是他自己的，主要是打斗场面，"一道白光来，一道红光去"的，有点像现在的科幻小说，很是神奇。这本书他整整写了四五个笔记本。

他写小说的习惯，一直持续到初三，那时又写了一本武侠小说，叫《京华侠踪》。小说的开头是在一个早上，天还没亮，就听到一阵铃声和车轱辘声由远及近而来，看到马车上的特殊标识，主人公快马赶了过去……这本书里有场景描写，对人物的刻画也更细腻生动，与第一本相比，内容更加丰富，有点武侠的味道了。

记录着他武侠处女作的那些笔记本，一直留在上海家里。二十几年后，他去北京工作，"文革"爆发后，由于怕惹麻烦，很多书籍都被家里清理掉了，等他回家时，再也找不到那些笔记本了。不过一笔一笔勾勒过的那些略显稚嫩的故事，却深深刻在他的记忆里。

□ 2．不做那样的人

1947年，程子敏被调回南京，担任南京市财政局局长兼南京市银行董事长。尽管丈夫官职很高，甘月华依然待人和蔼。甘家人过来拜访，她都以礼相待，赢得甘家上下的一致赞誉声，多年以后，她被甘家后人尊称为老祖宗。"逆境泰然，顺境淡然"，母亲的这种从容淡定的处事风格，对程泰宁产生了很深的影响。重返故地，甘月华自然要回娘家看看，走走亲戚。甘月华领着两个儿子逐家拜访，程泰宁只觉得甘家院子一个套一个，怎么走也走不完！还有那么多的爷奶叔婶要叫，简直头昏脑涨。

程子敏到南京时，国民党发行不及两月的金圆券开始崩溃。不久，南京中小学教师包围财政局，要求政府支付所欠薪水。发现其中竟有母校的老师，程子敏深感惭愧，遂向"行政院"求救，补发了欠薪。此时，他已有离意，就向市长请辞。辞职后，程子敏受聘到财政部国库署担任副署长，工作地点在上海。当时先后两任署长都被调走，程子敏就相当于署长一样。可以说党政军各方面的款项，都由他根据预算签发拨款，除蒋介石及行政院院长、财政部部长可以特批外，一概不得擅自支拨，由此可见程子敏手中权力之大。

程子敏在上海花了八九根金条，顶了一座四五百平方米的小洋楼，带着一个花园。国库署又给他配了两辆轿车，程家就此在沪定居下来。1947年底程泰宁转入上海私立京沪

中学,继续初中课程的学习。

当时上海物价暴涨,金圆券一日数贬,要应付各方需求,程子敏每天焦头烂额,疲于应对。在国库署干了5个月后,他就提出辞职,却未得批准。国民党政府又要把他送往台湾。程子敏与家人商量,祖母不想背井离乡,死也要死在故土。程子敏很孝顺,又看到国民党的腐败,觉得去台湾没有前途,决意不去,他的请辞终获批准。这也是程泰宁最佩服祖母的地方——老人虽然没受文化教育,却很有主见,在家族命运的岔路口,为子孙做出了最正确的选择。如果去了台湾,程泰宁的人生,可能就是另外的模样。

从国库署辞职后,程子敏去江苏省银行上班,担任常务董事兼副总经理。上海解放后,作为国民党官员的程子敏失业了。自1950年起,为了巩固人民政权,稳定社会环境,在全国范围内开展了一场清查和镇压反革命分子的政治运动。曾担任过国民党高官的程子敏,正是"镇反肃反"①的对象,程家的氛围变得很压抑。

程家靠近马路,每天都有抓人的警车"呜呜"地驶过,程子敏当时很紧张,随时做好被抓的准备,晚上睡觉前把棉衣放在枕边,准备被抓时带上衣服就跟着走。不过,他担心的事并未发生。1951年春,他加入中国国民党革命委员会,与早年共同战斗的同志一起,以民革党员的身份,满腔热情地投身了新中国的建设,先后担任民革榆林区委和民革杨浦区委的主委、民革中央顾问、中央监察委员会委员等职。程子敏做事特别认真,总想把事情办得尽善尽美。拿读报来说,

---

① 是"镇压反革命运动"和"肃清暗藏反革命分子运动"两个词的合称。

不管内容是否感兴趣，他都会仔细地一条一条全部看完。这种严谨细致的工作作风，也深深影响了程泰宁。

随着程家的搬迁，程泰宁辗转于鱼洞溪、重庆、镇江、南京、上海等地，先后换了6所学校，学习缺乏系统性，除了语文、历史，其他学科的成绩都不好，在班上算是"差生"。初中毕业后，程泰宁的弟弟妹妹考取了理想的高中。程泰宁曾和他们报考过同一所学校，可只有他未被录取。后来，他考入位于霞飞路（现淮海中路）当时风评不佳的肇光中学。这所学校其实也不错，曾经培养出植物生理学家、院士沈允钢，天文学家苏定强等一批优秀学子，在体育方面也很厉害，曾经走出排球国手姚馀榕。程泰宁本就好玩、爱打球，进入肇光中学后，兴趣一下子就转到了体育上。

一上高中，程泰宁感觉到家境的改变，就"改邪归正"，觉得不能再乱来，要好好读书了。他强记的本事很厉害，初中成绩还很差呢，到高一的第一学期，就进入班级前三名。用功一段时间后，慢慢又不行了，因为又迷上了打篮球。身体瘦弱的程泰宁，打篮球拼体力肯定拼不过别人，于是就在灵活上下功夫。为了练习球技，只要有空闲就打两下，很快在球队出了头。他做事只要定了目标，就会竭尽全力地去完成。

当时程家对门有一个烟纸店，卖香烟洋火等小百货，老板叫黄荣泰，生意不错，常为蝇头小利而沾沾自喜。程泰宁却不想那样浑浑噩噩地耗费生命，他对弟弟说："咱们长大了绝对不能像黄荣泰这样，一定要做一番大事业！"

做什么呢？他也不知道，当时就想，也许可以打篮球当国手，进国家队。这也是一种理想。那时虽然不知道将来要做什么，但他一直有一种信念，那就是不管做什么，一定要做

到最好,做到极致。

☐3. 发表文章了

随着年龄增长,程泰宁的阅读范围更广,对外国文学产生了浓厚兴趣。当时他看了很多名著,最喜欢的小说有两本,一本是《红与黑》,一本是《牛虻》。《牛虻》讲的是意大利青年亚瑟顽强战斗的一生。亚瑟是上流社会的叛逆者,虽然受尽折磨,却从未沉沦,历尽艰辛的他更加坚强,终成一名坚定的革命者,后不幸被捕,从容就义。在生命的最后时刻,他在写给恋人的遗书里,仍然充满了自信:

> 不论我活着,或者我死掉,我都是一只,快乐的飞虻!

程泰宁读到最后,几乎热泪盈眶。"牛虻"的刚毅、忍受考验的无限力量以及逆风而行的孤傲身影,正中他的英雄情结。从"牛虻"那里,他看到在挫折和磨难中怎样坚持自尊和骄傲,进而获得一种独立倔强的人格力量。他也被"牛虻"与蒙太里尼的父子之情所打动,从中领会到亲情的分量,渐渐理解了父亲的坚持与不易。

《红与黑》是另一本令程泰宁感动的小说。于连是木匠之子,勤奋好学,时时渴望干一番大事业。为了实现人生目标,他在"红与黑"中努力,相信自己终有一天能够打破等级制度限制而踏入上流社会。在贵族的密谋下,于连锒铛入狱,却未苟且偷生,而是毅然赴死来表达对那个社会的不满。

程泰宁 1958 年在北京与父亲合影

他本出身低贱，备受歧视，但渴望流芳百世，凭的是什么？凭的是心中一股强大的动力，靠的是极其坚毅的性格，最终才能主宰自我。

年少的程泰宁读到这样的情境和文字，是那么的坚韧有力，怎能不感动振奋？那种志气与抱负，从此烙上他的心痕，令他一直难以忘怀。从"牛虻"、于连身上，他找到了价值认同，就是人不能白白地活一生，即便绝望痛苦，也要骄傲地反抗到底，把逆境变为胜利。可以说，文学成了他的精神脐带，成为他一生奋斗的动力与汲取力量的源泉。

成长期的他，在这些文学作品的伴随下，走向了文学创作之路。程子敏失业后，很快找到了工作，在上海沪太长途汽车运输公司做副总经理，同时在杨浦区裕兴纺织厂兼职做襄理，结交了一批新朋友。有朋友向他推荐一家私家诊所，该诊所有一台 X 线机，在当时很稀罕。程子敏遂带全家做透视检查。体检中发现程泰宁的肺部有钙化点，医生判断他得过肺结核，目前虽已痊愈，平时宜多休息。程泰宁因此减少

了上场打球的次数，不过他仍喜欢看球赛，并借机向报纸投稿，报道学校的比赛。

他主要向《文汇报》投稿，还有就是《亦报》①。《亦报》上的体育消息特别多，有位有名的体育记者叫冯小秀，颇为欣赏程泰宁。程泰宁写的关于体育赛事的稿子，把赛场的多变和紧张带入文章中，将场面刻画得活灵活现，很吸引读者，不久他就被《文汇报》聘为固定通讯员。

高中期间，程泰宁还写过一些其他类型的文章。他喜欢看京戏，高二时曾在天蟾舞台看过一出戏叫《洪羊洞》，讲杨六郎派手下盗父遗骸，两个部将因他而死，六郎也吐血身亡，最后他与手下在阴间相遇。程泰宁以前看过《洪羊洞》，这次看戏他发现阴间相遇那一片段被删，直接演到杨六郎病重身亡就落幕了。他觉得改得挺好，去掉了封建迷信的内容，也不影响剧情，还是一出好戏。回去后他就写了一篇文章《怎样修改〈洪羊洞〉》，投稿给《亦报》，不久就被登出来，篇幅还不小。程泰宁自幼几乎是"散养"，中学读的也绝非名校，却径自涉入文学创作，端赖于他从小开始的"自我教育"。

程泰宁 1952 年中学毕业照

□4．误打误撞闯入建筑殿堂

即将高中毕业，面临专业选择，程泰宁的老师和同学都

①《新民晚报》的前身。

希望他读中文。语文老师吴竞寸有一次在他的作文本子上写了"作者有此天才,他日定有成就",鼓励他学文。程泰宁自己也心心念念地想考文科。但程子敏考虑到当时的社会条件和政治因素不太赞成,希望儿子能学工。程泰宁和家里产生了很大分歧。后来采取了折中的办法,报考了一个文理相通的学科——建筑学,这是他的一位远房姑妈推荐的。

程泰宁的这位姑妈毕业于原中央大学艺术系,她告诉程泰宁:"南京工学院的前身是国立中央大学,建筑系在'中大'很有名。建筑学虽属工科,与文学艺术密切相关,跟你的兴趣爱好也比较接近,你可以考虑报考建筑专业。"

1952年,全国首次实行高等学校统一招生考试制度。那一年,有73000人参与高考,程泰宁亦是其中一员,最终被南京工学院建筑系录取。南京工学院(下简称"南工"),即东南大学的前身,其建筑系的创办历史在国内最早,来自1928年国立中央大学创办的建筑学科。当时的南工是全国唯一的一所多系科学校,教师质量最强。土木建筑学部在全国仅有三位学部委员(即现院士),其中两位在南工,即杨廷宝和刘敦桢,另一位是清华的梁思成。

重回故里,程泰宁提着皮箱兴冲冲地来到南京工学院,满怀着希望和憧憬。南工位于六朝宫苑的遗址之上,明朝时是国子监的校址,千百年来学脉绵延,弦歌不绝。一进四牌楼高大的校门,他就被矗立在校园中心的大礼堂吸引住了。这是一座西方古典建筑风格的建筑,位于校园的中轴线上,绿色的铜质穹顶非常显眼,涡卷装饰之下的立柱优雅高贵。

在校门口的新生临时接待点,一位建筑系的学长热情地接待了程泰宁,他先带着程泰宁参观了中山院、体育馆,又领程泰宁去观看闻名遐迩的六朝松。那株相传是梁武帝亲植

的古树,目睹了《昭明文选》的成书,见证了《永乐大典》的编纂,虽历经千年风霜,仍枝干遒劲,充满生机,令程泰宁啧啧称奇。参观完学校本部,他们从东门出来,前往文昌桥学生宿舍区。跨过一条小火车的铁路后,程泰宁的眼前出现了6栋浅黄色砖墙、红色窗棂的两层建筑,坡屋顶架设成大大的人字,很有古典感。学长告诉他:"这些宿舍楼是由咱们建筑系的建筑学家刘敦桢设计的,房屋冬暖夏凉,住着可舒服了。"

学长把程泰宁送到此处,就与他告别了。程泰宁独自走进宿舍楼,拾级而上,朱红色的木制楼板发出"吱嘎吱嘎"的响声。不知哪个宿舍里,响起了悠扬的二胡声,有个男生边走着边哼着歌儿,看到程泰宁,马上热情地向他点头致意。程泰宁感到很温暖,一下子就喜欢上了这里的氛围,预感未来的学习生活,将会成为一个美好的人生片段。

那时的大学生非常稀缺,培养一个大学生,国家的花费约一百两黄金,程泰宁他们是真正的天之骄子,只要别着一个南京工学院的校徽上街,市民对他们都很尊重。程泰宁和同学也相处得非常好,他因擅长写作,又爱好打球,被选为班主席,负责组织文体活动。

入学后不久,程泰宁收到一封上海来信,寄信人是《亦报》的体育记者冯小秀。冯小秀在信中说,八一男篮将赴南京比赛,希望程泰宁报道一下。程泰宁遂买票去五台山体育场看球,然后写了一篇挺长的报道发给冯小秀,很快这篇文章就被《亦报》刊登出来。

有一年的冬天特别冷,雪与人膝齐,屋檐下挂满了冰溜子。尽管教室里生了炭盆,可程泰宁他们画渲染图时,只要水画上去,马上变成冰屑。因为太冷了,有学生起来打闹,互相投掷橡皮、纸团，很快从两三个人蔓延到全班，闹得一塌糊涂。突然，教室门被推开，系主任杨廷宝先生站在门口，教室里顿时静了下来。原来这间教室的下面，正是杨先生的办公室，听到学生在上面嬉闹，他就过来看看。杨先生并未批评某个人，只是说了一句："不像话！"然后"啪"地把门一带，走了。大家被他说得愣了一下，然后"哈哈哈哈"地笑了起来，意思就是"杨先生你批评我们，我们不见得接受你这个批评"，当然也不敢像之前那么闹了。这是程泰宁唯一一次见杨先生发脾气。这个班的同学特别顽皮，也相当活跃。

当时程泰宁的不少同学，在报考建筑专业之前，已经知道建筑是怎么一回事。程泰宁却完全不知道，是个彻彻底底的新手。在大学一二年级的时候，他对建筑仍是浑浑噩噩的一种感觉，虽也画图，成绩却只是中等，还把精力放在别的方面，对建筑尚未入门。

□ 5．师从建筑泰斗杨廷宝

作为设计界顶端的无冕之王，建筑师需要懂得物理和材料学，掌握工匠技艺、几何和绘图，还要有艺术修养，能自由驾驭和整合各个领域的相关知识，包括历史、艺术、社会学、心理学、符号学、政治学、经济学等。由于建筑学的内容极其丰富，建筑入门很难。

当时的南京工学院，把未来的建筑师当作艺术家来培养，这与其传统有关。自 17 世纪以来，巴黎美术学院逐渐形成一种关于建筑学的知识、操作与评价系统，将建筑当作艺

术的一种，并要求通过美学理论来使建筑成为艺术，这种建筑教育模式被称为"布扎"①体系。当时南工建筑系的老师基本都是留洋归国的建筑师，比如杨廷宝、童寯曾留学美国宾夕法尼亚大学，接受的是布扎体系的教育，并将布扎理论带回中国，使得南工建筑系成为中国布扎教育的大本营。

故而，南工建筑系对美术相当重视，把墨线、水墨渲染、水彩渲染当作基本功。程泰宁在大学头两年，做过大量的墨线和水墨渲染练习，逐渐掌握了体积和光影的表达技巧。不过彼时，他尚未感悟建筑之美。

程泰宁对建筑产生兴趣，源于一部电影。他在一本建筑画册中见过泰姬陵的模样，当时只知道它的比例很美、细部非常精致。这座世界上最美丽的陵墓，曾被泰戈尔誉为"永恒面颊上的一滴眼泪"，是莫卧儿王朝皇帝为纪念爱人而建，汇集了全印度、中东、伊斯兰地区的最优秀的建筑师和工匠，整个工程耗时 22 年。

后来，程泰宁在一部电影里见到了泰姬陵的"真容"：在皎洁的月光下，动人的大理石建筑的影子倒映在亚穆纳河水中，泰姬陵显得如此纯洁美丽，宛如仪态万方的皇后"复活"了。他当时就在想：当那位皇帝看着这座"拟人"化的建筑，会是怎样的一种心情？虽然无法了解，但可以根据想象去感受那段凄美的爱情故事。

"月光下的泰姬陵"瞬间打动了程泰宁，那种感觉无法言说，直击灵魂，正如诗中所言："我记得那美妙的一瞬，在我的面前出现了你，有如昙花一现的幻影，有如纯洁之美的精灵。"他忽然顿悟：原来一座经典的建筑，可以超越时间，超越

---

① "布扎"（Ecole des Beaux-Arts），法国巴黎美术学院之谐音。

简单的建筑学意义,以强烈的艺术感染力,直指人心深处,把人带入一种意境体验中去。他感觉打开了一个新世界,一个无比美好的建筑的世界,他要走进这个世界,去设计美丽的建筑。这个理想,就像一颗种子,在他身上悄悄地生根发芽、开花结果。

客观说来,走建筑设计这条路,很符合程泰宁的气质,因为建筑是一门艺术与科学并存的学科。程泰宁自幼喜欢一切美的事物,在人文、艺术方面所受的熏陶,对他从事建筑设计颇有好处。他的逻辑思维能力很不错,想出的方案,绝非奇思怪想、不靠谱的那种。两方面结合起来看,他真的很适合学建筑。故而一旦对建筑产生了兴趣,就喜欢上了,觉得建筑既理性又非理性,内涵非常丰富,在里面不断游走,总有新鲜的感觉,很符合他的性格。

少年时,他有一个武侠梦,曾用手中的笔去描绘心中的江湖;如今,他决定把建筑作为终生事业,希望练就一身绝世"武功",在建筑领域做出一番成就。

程泰宁是幸运的,他当时的导师,都是中国建筑界最顶尖的大家。比如杨廷宝先生,是中国科学院院士,中国近现代建筑设计开拓者之一,国际建筑师协会副主席,被誉为"近现代中国建筑第一人";童寯先生,是建筑界融贯中西、通释古今的大师,更是我国近代造园理论研究的开拓者;刘敦桢先生,是中国科学院院士,中国建筑教育及中国古建筑研究的开拓者之一;刘光华先生,是我国著名的建筑学者和建筑教育家。他们各以所长教育后辈,使南工建筑系成为中国建筑师的摇篮。

当时,南工的建筑设计教学,以杨廷宝、童寯、刘光华为主,杨、童、刘三人兼顾一到四年级的全部设计课程。程泰宁

在这个学院派的大本营,接受了地道、完整的布扎体系教育。1956 年他毕业之后,设计课由其他老师接班,杨、童、刘则逐渐退居其后,不再指导设计了。

从左至右依次为:杨廷宝先生、童寯先生、刘敦桢先生、刘光华先生

建筑系与其他专业不太一样,设计课就是主课。当时指导老师带着助教,来图房给学生逐个改图,整个教学过程是以"示范和模仿"来完成的,学生通过观摩教师改图,掌握处理设计问题的技巧。学院派建筑教育出身的杨廷宝、童寯、刘光华,作为设计教学的主要负责人,深谙西方古典构图之道,在设计课上会纠正学生草图中一些不贴切之处。

这几位先生的改图方式也不太一样。杨廷宝先生治学严谨,学识渊博,在中外建筑上都有很深的造诣,教学风格比较宽松,在改图时,会给学生讲一些道理,却几乎不对图的好坏做评价。在程泰宁上四年级的时候,有一次做课程设计,他认为自己已经不错了,也想表现一番,就画了四个完全不一样的方案,让杨先生改图,觉得这一次肯定能得到杨先生的夸奖,比如"你这个学生很有想象力,平常大家都是画一个方案,你一下子就拿出了四个方案,很不错"之类的赞许;再者,这四个方案哪个比较好,他也吃不准,希望杨先生能给指条路。

程泰宁满怀期待地把做的方案给杨先生看。杨先生看了第一个方案后,说了句"嗯,可以。"然后看第二个方案,也说可以;看到第三、第四个方案后,仍说可以,既没对程泰宁做任何评价,也不说哪个方案更好。

当时,程泰宁很不理解,脸色顿时有些不好看,那时他年纪还小,马上表现出来了。杨先生看出他的情绪,耐心解释道:"其实做设计,无定式、无成法,怎么都能做好,不是说必须要有一定的方法或者套路,每条路子都是可以走通的,就看你怎么做。你这4个方案,只要发展下去,深入地做下去,都能做好,不是说只有一种可能性。"

当时杨先生跟程泰宁讲了很久,有些话当时他并不明白,却懂得了建筑师的思路要开阔,但做事情一定要做得很深很细才行。多年以后,对杨先生的这种"法无定式"的态度,程泰宁才有了史深层次的理解。那就是:在不同的外在形态下,要表达的观念可能一样,即内在的精神和气质是相通的。他后来提出的"立足自己",就是这种精神的延续。在此基础上,他增加了自己的看法,即内涵和气质应该坚持,但在形式上必须创新。

童先生改图,则是另外一种风格。他学识渊博,为人洒脱不羁,有着丰富的工程经验,但敏于思而讷于言,改图时讲得很少,常常只有一两句的评语。在给程泰宁改图时,童先生先看上半天,然后拿一支6B铅笔,在程泰宁的草图上大笔涂改。改得不满意了,还用手指当橡皮,在图上擦抹。改完了,歪着头看一会,觉得改得还不错,就一言不发地走开了。对于修改原因,他一向缄口不言,让学生自己体会。程泰宁总要琢磨一会儿,因为童先生的思路挺怪的,每次看他改图,都给程泰宁的思路带来一些冲击,激发他产生新的想法。

这种"酷酷"的改图风格,有时也会带来一些麻烦。程泰宁后来回忆:"有一次,童先生给一位女同学改图,照例拿了6B铅笔纵横涂抹,可这次是一张正图。如此一来还能按时交图吗? 童先生一走,那位女同学便哭了起来。"

还有一位刘光华先生,刚从美国回来不久,年纪较轻,很有亲和力,常跟学生们开玩笑。大家都喜欢他改图,因为他不责备学生,也不像童先生那样寡言。三位教授迥异的思路和教学风格,给予学生不同的设计引导,使得程泰宁他们能从不同侧面,去理解建筑,学习知识。

几位先生的深厚而广博的知识,对程泰宁影响很大。比如杨廷宝先生,他在学术上有着相当深厚的造诣,善将中国传统文化,融入西方先进的设计理念之中,既可做出中国传统的建筑,也能创作西方古典的、现代的作品。程泰宁慢慢明白:唯有深厚的建筑文化底蕴,才能孕育丰富而自由的建筑文化精神和气质。他对自己的要求更高了。

程泰宁可谓幸运,不仅得到建筑巨匠的亲自指导,受到严格的学术训练,更是领略了大师们的风采。恩师杨廷宝的治学风范、童寯的独世品格、刘敦桢的循循善诱,令程泰宁体会到一种人格的力量。从他们身上,程泰宁看到那一代人对学生的负责、对学术的担当、对自我生命的承担。老先生们精湛的学术造诣和高尚的品德情操,对程泰宁那一代人的成长和建筑创作,有着重要的影响,使他受益终生。

□6. 为画痴狂

上大学之后,母亲给程泰宁置办了很多衣服,毛衣都是亲手织的，颇费了一番心思。当时国人崇尚朴素，在中国大街上放眼望去，大多数人都穿着耐磨耐脏的蓝色工装。后来毕业参加工作，程泰宁别出心裁地找来染料，把母亲添置的衣服染成了黑色。还别说，身着黑衣的他，在 20 世纪五六十年代全国一片蓝色的海洋中，素雅又别致，表现了他独特的审美观。而这种着黑衣的习惯，他一直延续至今。总是一身黑衣的程泰宁，给人一种低调、内敛、包容的感觉，非常符合他深邃广博的气质。有趣的是，半个多世纪以后，建筑师穿黑衣已然成为一种潮流，1988 年还出版了一本名为《建筑师为什么穿黑色》(*WHY DO ARCHITECTS WEAR BLACK ?*)的书，罗列了世界各地大约上百位著名建筑师喜欢穿黑色的理由。其实当时年轻的程泰宁只是不想随大流，他的一个小小的举动，竟把自己推到了潮流最前端，正可谓"不随俗俯仰，自得真风流"。一个人的审美素养反映在其生活的方方面面，服装也是审美、修养和品位的折射，而建筑师的设计与其审美素养息息相关，缺乏美学修养的建筑师怎能设计出美的作品呢？程泰宁后来愈发意识到这一点，尤其是在学画的时候。

随着学习的不断深入，他越发体会到绘画对于建筑师的重要性，特别后来和甲方打交道的时候，发现电脑表现图不仅出图慢，还因专业性太强，很难被投资方理解。而手绘则不同，可以在短时间内表现出方案的真实质感和环境气氛，尤能展现作品的独特审美韵味。不过，如果建筑师的绘画水平不够，拿出一张只有自己能理解的方案设计稿，即使他的灵感再超群，也难以令客户和合作伙伴信服。所以，绘画功底的积累很重要。

其实，以绘画为目的图艺类课程，本就在布扎教学体系

中，占据较大的比重，这是巴黎美院的美术研究传统使然。南工建筑系的美术课程也贯穿始终。当时被海内外誉为"中国水彩画之父"的李剑晨教授，长期执教于南京工学院建筑系。受杨廷宝、童寯的影响，在李剑晨等名师的指点下，南工建筑系学生，更加执着于提高绘画水平。

程泰宁班上有几位同学如张耀曾、顾馥保等，入学时就画得不错。在班上他们显得很突出，画好设计图就会放在窗台上让大家欣赏。顾馥保很热情，常把程泰宁叫过去看他画好的图，这对程泰宁来说，是一个极好的学习机会。那时程泰宁对建筑开了窍，知道自己的弱项是绘画。老师的教导、同学的榜样激励，促使他下决心要练好绘画。

他抓紧一切可以利用的零碎时间，练习素描、水彩。暑假回家，他一头扎进自己住的亭子间。所谓亭子间，是上海旧式楼房夹层中的小房间。到了夏天，亭子间特别闷热，人在里面，犹如每时每刻都在蒸桑拿一般，热得喘不过气来，程泰宁就闷在里面画画。那些画，有些是想象的，有些是临摹照片。他整日坐在画板前，不懈地磨炼方法与技巧，从清晨到深夜，中午也不休息，全然沉浸在画画中，总想画得更细一些。

从假期开始到开学前，他一个暑假画了几十张，墙上能贴满了，可见有多努力。奶奶见他这么辛苦，特别心疼，总是喊他下楼："泰宁啊，下来吧，下来凉快凉快吧！"

如果孙子不下来，奶奶就会用南京话感叹："这个娃不知道爱惜自己啊！"

偶尔程泰宁满头大汗地走下楼来，奶奶特别心疼，赶紧洗一条毛巾，让孙子擦擦脸，休息一会儿。不过，程泰宁擦完脸又上楼了，钻进亭子间继续画。那时他憋着一股劲，想把自己的弱项补上去,假期所作的画,比平时一年都多,当然进步也很大。

左:程泰宁水彩画作品;右:程泰宁铅笔画作品

为了练画,他还闹出过不少事情。有一次,程泰宁从学校回上海,坐的是夜车,当时是酷夏,整个车厢像一个大蒸笼。程泰宁睡不着,拿出一个图板画画。他脑子里有很多好的想法,经常画着画着,就能表达出来,通过色彩、线条,各种想法有了释放,这让他相当快活。刚画好,走来一个乘警,生硬地问他:"你干什么呢?"

程泰宁一边作画,一边顺嘴答道:"画画啊。"

"你画什么画?"那个乘警微微皱眉,加重了语气。

小时候不服管的那股劲儿,一下子就上来了,程泰宁昂了昂头,傲然道:"我想画什么就画什么。"这时围拢过来很多看热闹的乘客,程泰宁说话又很呛人,那个乘警脸上有些挂不住,恼羞成怒道:"你跟我来。"

程泰宁也不在乎:"跟就跟呗。"拿了图板,跟着乘警就走。他被带到了乘警室。那个乘警板着脸说:"你就给我坐着!"然后就出去了。程泰宁一个人坐在乘警室,比起拥挤的车厢,这里的环境好多了,还挺惬意的。到上海时,天快亮

了。旅客都下了车,乘警拿来一个本子,叫程泰宁登记。登记好了,他带程泰宁出站,把程泰宁押到北站派出所,并把那张登记表交给主管所长。这个乘警也是被程泰宁当时的态度给激怒了,成心想惩罚他一下。

派出所所长只有一条胳膊,可能是个退伍军人。那个乘警一走,他就问程泰宁是怎么回事。程泰宁委屈地说:"坐夜车睡不着,我就画了一会儿画,什么也没干。"

老所长一看,程泰宁不过是个十几岁的大学生。他拿过程泰宁的画看了看,就和蔼地挥挥手说:"你回家吧。"

虽然结局有惊无险,可细究起来,如果遇到的派出所所长没有如此通情达理的话,程泰宁还真要有点麻烦。当时的他,一心向艺,眼里只有绘画,根本不考虑其他。

1955 年,上海中苏友好大厦建成了。听说这个建筑很有特色,程泰宁放假回家,拿上速写本和铅笔,对着大厦就开始画。细部素描、整体速写,画得正起劲呢,却被警察发现,带去了附近的派出所。20 世纪 50 年代的政治气氛很紧张,时有特务通过画画绘制情报,所以"形迹可疑"的程泰宁,会被警察问话:"你在画什么?"

"我在画中苏友好大厦啊。"程泰宁也不害怕,有啥说啥。

把画拿在手里端详了一会儿,那个警察态度转缓:"这个楼不能画,你回去吧。"

又是一场虚惊,程泰宁有些委屈。他以一颗纯真之心去感知建筑之美,随身总带着速写本和铅笔,只要看到某个建筑的可取之处,都会画个速写。间或当街作画,引来众多路人围观,他也不怵,照样画,因知道自己的弱项要补。程泰宁常想,古人所谓笔砚平生,每天临池不辍,自己这才到哪儿。为了变得更强,他真是下了苦功夫。后来回想当年的那种义无反顾和年少轻狂,一切似乎恍如昨日。

在平时的绘画练习中,他锻炼出了极其敏感的感受力,可以自如地将感受表达出来,真正做到了心慕手追、意到笔随。他也逐渐领悟到绘画背后掩盖的深层次的能力,愈加懂得色彩搭配的美妙,知道什么调子美。对光线、空间构成和意境的理解,很早就体现在他的绘画中,这些为他后来的建筑实践提供了充分的准备。

到了大学三年级,程泰宁的绘画技艺有了很大提高,整个构图布局明显上了几个台阶,其他科目亦遥遥领先,是以成为班里唯一的一名优秀生。他对建筑的兴趣升华为志趣,学习态度从敷衍了事,到痛下苦功,及至乐学其中。

跟随大师们的脚步,他进入建筑世界。了解到建筑领域的无限之大,激发了他的求知欲和进取心。他觉得一名优秀的建筑师,不仅要有支撑设计的专业素养,更要具有广博的学识、深厚的文化艺术底蕴、不凡的见解思维,所谓重剑无锋嘛,于是突然萌生出编一张表格来对比中西方文化相互关系的想法,觉得:

> 把相同年代的中、西方艺术家进行比较,不仅能帮助我们认识中西方文化,梳理其发展脉络,找出一些规律,还可以让建筑师形成大局观。一个建筑师,面对不同的文化流行倾向,应该有自己独立的见解和立场。

就他当时的年龄来说,这个想法很大胆,视角也相当独特,惜乎后来发生的政治运动,令他不得不把计划暂时搁置。

虽然程泰宁从未对其他人说过,自己一定要赶上去,尽量做到最好,但他心里确实憋着一股劲。他的那种奋力追赶

的拼劲，被有些同学看在了眼里。三年级暑假，同窗郑光复给他写了一封长信，批评程泰宁在学习上表现出来的争强好胜，是个人英雄主义。郑光复和程泰宁的关系很好，写这封信也是出于好意，因为当时提倡集体主义，他的警示对程泰宁来说，是一个提醒。

　　程泰宁个性倔强，与生俱来就有一种不屈不挠、不服输的精神。这种不服输的性格，在那个特殊时代，注定他命运多舛；同样也是这种独特的精神特质，使他对建筑有种炽热无比的爱和永不言败的执着，即使暂时被击倒，也会顽强地站起来继续前进。

　　大学四年，他解决了基本功的问题，学建筑变成最喜欢的事。1956 年毕业时，他是班里唯一的优秀生。彼时，20 岁的程泰宁，已把建筑视为毕生追求，希望用自己设计的建筑作品，去营造心中的理想国。美好的人生画卷，在他的眼前正缓缓铺开。

1956 年大学毕业照

第三章　站在高起点上

□ 1．初遭挫败

北京的秋，是一年当中最美、最富诗意的季节。在西城区的钓鱼台附近，有一片仿制的古代城墙和城楼的砖混结构建筑群，是"四部一会"大楼，此时院内的银杏满树流金，与屋檐下的翘首斗拱相呼应，建筑与风景几近融为一体。这一天，大楼附近走来一位英俊青年。他身材瘦削挺拔，气质卓然，穿着朴素，却自有一股书卷气，明亮的黑眸里闪耀着沉静的光芒。此人正是程泰宁。

1956 年 8 月大学毕业后，他被分配到哈尔滨的中国科学院土木建筑研究所，尚未报道就被告知暂缓去哈，单位可能调整，旋即通知他去北京的中国建筑科学研究院筹备处报道，办公地点在"四部一会"大楼里。这是一个新单位，科技人员不多，大部分是毕业不久的年轻人。组长张文全[①]不到 50 岁，是一位 12 级的老干部，对大家很和蔼。当时没有层级

[①]　张文全，后任中国建筑科学研究院副院长，国家地震局（中国地震局）副局长。

儒匠

程泰宁传

更高的技术人员带新人，实际工作无法展开。刚毕业的程泰宁很想做出点成绩，又无从下手，好在可自由支配的时间很多，一有机会，他就看书。他给自己做了规定：每天抽一点时间去看建筑，每个礼拜抽出半天外出写生，从未间断。

有一天，他和女朋友徐东平闲聊，两人商量周末去哪儿写生。徐东平是程泰宁的大学同班同学，也是上海人。她的父亲徐良董，是一个大知识分子。为了研制鼠疫疫苗，曾冒着生命危险，把疫苗在自己和妻子儿女身上做活体试验，后投放疫区使用，效果良好。中华人民共和国成立后，他创办文达药厂，生产治霍乱、伤寒及白喉等的抗生素，并在实验室中首次分离肝炎病毒。徐良董很重视子女的教育，但工作太忙，没有精力管孩子，就把女儿送到教会学校寄宿。徐东平从小学开始，就和哥哥姐姐在学校寄宿，养成了宽容、自立的生活态度。后来，徐良董在杭州结识了一位从事教育的朋友，徐东平和哥哥又被父亲送去杭州上学。徐东平在杭州弘道女中读初中，高二返沪，在上海考入南工建筑系。

在大学里，徐东平的成绩不错，她性格沉静，清极淡极，却难掩慧光，有一种不可言喻的味道。有男生喜欢她，却不敢直接向她表白，找程泰宁给牵线。徐东平和程泰宁是上海老乡，两家相距不远，家庭背景相近，一来二去的，谈得很投机，感觉找到了知心朋友，爱情的种子悄然在心中萌发。他俩在毕业前确定了恋爱关系，大学毕业后，由学校照顾，被分配到同一家单位。空闲时间两人就出去写生，上周他们画了阜成门，这个周末准备画一个有特色的建筑物。

"咱们去香山画琉璃塔怎么样？这座塔是七层八角形楼阁式，檐角系有铜铃，共56个，风吹铃动，是为'西山之声'……"程泰宁兴致勃勃地建议。

"你们那个论坛的很多话题都很激烈啊。"徐东平转移了话题，清澄的眸子里有一抹浅浅的忧色。

原来，程泰宁在单位里担任团支部宣传委员，团支部书记唐其恕比他大 2 岁，是清华大学毕业的党员，她的思想颇具开放性。两人都对当时的工作环境不满意，很谈得来，为此，他俩在团支部组织了一个自由论坛，组织团员青年们就一些议题发表意见。那些讨论的题目是程泰宁和唐其恕一起拟的，比如"搞科学没有科学家行不行？""到底是先盖庙还是先请神？""党能不能领导科学？"，诸如此类的话题，要大家发表意见，后经程泰宁整理，陆续发表在楼道内的黑板报上。这些尖锐的议题，在当时非常犯忌。

果不其然，正当程泰宁摸索着进行工作的时候，"反右"运动开始了。团支部书记唐其恕被打成了"极右"，遭《人民日报》批判，后来被送到北大荒改造。程泰宁因为是跟着干的，团支部开大会批判他，眼看着就要被打成"右派"了，徐东平担心极了，程泰宁自嘲："其实要把我打成'右派'，也不冤枉啊。"

好在组长张文全很欣赏程泰宁，觉得他干工作有冲劲，只因年纪太轻，说了一些过激过头的话，但打成"右派"就有点过了，就一直帮他顶着。运动后期处理人员时，张文全对程泰宁说："你写一个认识吧，也不叫检查，就说你对反'右派'运动认识不清，所以搞了自由论坛……"

在他的运作下，程泰宁被定成"中右"。所谓"中右"，就是"右派"边缘，也要被组织处置的。最终的决定是，程泰宁和其他一些同志被下放到广东江门糖厂工地，并要求在当地落户，长期扎根。也就是说，他们很可能一辈子都回不来了。

这个处理结果，要比被打成"右派"的同志好一些，但对刚走上社会、并想在专业上有所发挥的程泰宁来说，就像吃

了一记闷棍,有种憋闷感充斥着胸臆。当时他心里憋着一股气,觉得搞自由论坛,也只想把工作做好,自己并未做错。

徐东平得知将与男友长期两地分离,很为程泰宁担忧,她温言安慰程泰宁:"留得青山在,不怕没柴烧。你在那边好好工作,我会在北京等着你回来。"

程泰宁点点头:"嗯,你也要照顾好自己。"语声里有说不出的涩然。

1958年初,他心情黯淡地离开北京,前往广东。车厢里夹杂着各式各样的方言,比市集还热闹,程泰宁的心里却空荡荡的,体会到一种孤独的况味。伴随着有规律的"咣当、咣当"的声音,他不觉神思恍惚,毕业后的那些场景在脑子里走马灯似地切换:一年半前刚进京时自己是何等的意气风发、踌躇满志,以为在新单位可以施展拳脚,然而满腔的理想抱负尚未得到施展,就跌入人生低谷。火车飞驰而过,后面已看不到家的方向,往前却是前途未卜。寒寂的冬夜,汽笛声格外低沉,宛若一首离歌,撞击在他的心上。

江门位于珠江西岸,南临南海,毗邻港澳,三面环山。这里历史悠久,文化底蕴深厚,是明代心学奠基者陈白沙、近代维新先驱梁启超的故里。到了江门糖厂后,因为程泰宁在临行前肺结核病复发,领导让他做了一段时间的砖瓦工以后,把他派到工地画施工工艺卡,就是把材料和设备摆放的地点画出来,跟建筑还算有点联系。

初来南粤,就程泰宁的所听、所看而言,一切都很陌生,也很新鲜。当地居民说粤语,每早去茶楼"叹"早茶,生活节奏很慢。生活条件迥异、罹病的困难,程泰宁都能克服,却无法忍受脱离心爱的建筑,莫名的失落感常常袭上心头,他是多么羡慕那些留在北京可以继续从事专业的同事啊!

他不愿虚度光阴,有空就翻一翻俄语专业书、背背单词,这本书还是下放前被他偷偷塞进行李里的。为了排遣愁绪,他常在傍晚去市区散步。曲折的青石板路,低矮的房檐,斑驳的墙壁,无声诉说着这座城市的故事和沧桑。漂亮的骑楼别具一格,引起了他的注意。漫步长堤街区,程泰宁发现,骑楼的建筑风格是中西结合,既有东方传统风格的浮雕、北方木格扇镶嵌欧洲彩色玻璃的"满洲"窗,亦有西式罗马柱、各种精巧的雕花、剥落的壁画,犹如一座建筑博物馆,令人耳目一新。

不知不觉间,他已走到蓬江北街。当年江门开埠后,北街港停泊着世界各地的商船。如今站在长堤边,但见榕树如盖,燕子飞来飞去,美丽的西江水静静地流淌,船只来往如梭,程泰宁不禁有种"不知江月待何人,但见长江送流水"的慨叹。独特的南国风光,带来一种异样的情调和新鲜的感觉,足以促使他抖落入骨入心的怅然若失,他迫不及待地拿起画笔,开始写生。在江门的那段时间,面对清婉隽秀的西江山水,他画了不少水彩画。

就这样坚持学外文、画画,程泰宁心中的阴霾稍许散去。然而没过多久,下放干部突然开大会,不点名地批判他:"有人下放了,居然还念外文、画画,还坐茶馆①,这是走白专道路!是资产阶级的生活方式!"程泰宁听到这些"极左"的指

写生中的程泰宁

① 程泰宁画完画后,常去茶馆跟朋友分析评论画作。

责,很是郁闷。

1958年夏,糖厂开展了"向党交心"运动。程泰宁那时很单纯,自认为事无不可对人言,最后竟交了404条。其中有政治方面的;有给组里党员提意见的;还有文学感悟,比如说"杨柳岸,晓风残月"这种小资意境,他就很欣赏……可这些,在当时被批判为资产阶级思想和生活方式。同是下放的同事邵华郁看到他写的交心材料提醒他说:"你写这些干吗呀,你知道后果吗?"但是程泰宁不听劝阻,仍然把材料交了上去。

这些言论交上去,结果可想而知。工地的党委书记亲自出面开大会,批判程泰宁:"你这哪里是右派边缘?你根本就是右派!"

这事没过多久,开始反右倾,政治气氛空前紧张,程泰宁的处境极其危险,谁也说不准会发生什么。就在此时,上面突然宣布:要把程泰宁他们调回北京。原来,当时北京要搞十大建筑,急需建筑骨干,所以这次调人,都没有通知广东省委组织部,只用了两天时间就把程泰宁等一百多人给调回去了,生怕当地不放人。

闻此佳讯,程泰宁心中五味杂陈,既有可重操旧业的欢喜,亦有近来被批判的郁闷。怀着复杂的心情,告别了江门,此时距他离京已过近8个月。

□2. 参与验收人民大会堂

1958年8月,程泰宁回到久违的首都。由于机构变化,国家建委已撤销,他被安排到建工部(现住建部)建筑科学研究院(下简称"建研院")的工民建研究室工作。9 月初，中央确定兴建十大建筑，以迎接国庆 10 周年庆典。短短时间，北京的 34 个设计单位，包括杨廷宝、梁思成等来自 17 个省市的 30 多位顶级建筑师，以及全国各地 10 万建设大军投入此项巨大工程。

这时的北京，到处是一派如火如荼的建设场面。程泰宁被这种热烈的氛围深深感染，心中的委屈渐渐散去，取而代之的是激动和振奋，不禁摩拳擦掌，准备大干一番。大学毕业后，从刚踏入社会的新人，他经历了入职的兴奋、迷惘、被批判、下放，其间听过西山清脆的铃声，闻过南海热带海风的味道，领略了京城古建与南粤骑楼等风格迥异的建筑。凡此种种，在时光中渐渐发酵，酿成一股生命的能量，成为他的信心源泉。

因为专业素质过硬，程泰宁参与了一系列重点工程，起步特别高。如果是刚毕业就接大项目，他可能会踌躇。可在过去的两年里，他从未有过一刻停止对核心技能的打磨，无论在画技、眼界或见识上，都有了长足的提升。现在的他，有这个底气，也做好了准备。然后，国庆十大工程就来了。"国庆十大工程"又称"十大建筑"，分别是人民大会堂、中国革命博物馆和历史博物馆、军事博物馆、农业展览馆、民族文化宫、北京工人体育场、北京火车站、民族饭店、华侨大厦、钓鱼台国宾馆。

说起来，人的一生中，有多少机会能接触到如此伟大的工程建设呢？幸运的是，当时人才奇缺，年仅 23 岁的程泰宁借助建研院平台，得以参与到十大工程。甫一进入建筑界，他便站在了高起点，其中有历史的契机，也是他主观努力的结果。

他先后参加了国家歌剧院、国家体育场以及人民大会堂的方案设计工作。因为工程集中，又要赶在国庆前完工，所以那时他天天加班、搞通宵。虽然很辛苦，也没有加班费，他却每天都干劲十足，激情飞扬。不仅是年轻，更是对建筑的热爱，成为他拼搏的动力。在做国家体育场设计期间，有一天临近下班，总工王华彬把程泰宁单独叫进办公室，对他说："我们的方案还缺一张总平面图和鸟瞰图，明天早上开会要拿出来供评选会议讨论，你马上去画。怎么样，有把握吗？"

当时设计时间非常紧，作为决策参考的方案渲染图，通常需要三四天才能完成。但程泰宁稍做思考，自信地说："没问题！"

总平面图是设计成果中最重要的一张图，也是方案比选①中的第一张表现图，其重要性不言而喻；鸟瞰图可以让人看到整体的建筑效果，也非常便于进一步的修改。国家体育场的总平面图应该包括一个体育场、一个体育馆，还有其他辅助建筑。当时任何素材都没有，程泰宁要自己构思。当时已下午5点，他只有一个晚上的时间，还是一个人，要完成这么大的工作量，几乎不可能，程泰宁却想都没想就答应了。

等同事们都下班走了，他便开始静心思考。确定设计基调之后，开始画体育场的总平面图，接着又画鸟瞰图。为了在第二天上班前完成任务，鸟瞰图被他画得就像水彩画一样。后来，他曾经用诗意的语言回忆起那一夜的创作情景：

> 一个通宵下来，从总体布置的推敲到一张大幅的鸟瞰渲染图居然都完成了。画完最后一笔，窗外的树木和

---

① 那时不叫投标，叫方案比选。

建筑物刚刚在晨曦中展现出朦胧的轮廓。那一刻我倦意全无,心情和周围的世界一样,宁静而又充满活力。其实,那时我们大部分人的工作状态都是这样的。虽然没有加班费,但大家都有拼搏的热情,干劲十足。机会这么好,谁不想尽全力投入呢! 这段经历让我一生都很受益。①

十大工程中的国家歌剧院及体育场,由于业已出现的经济困难,只做了一轮方案即告下马,最终未能落实。不过,程泰宁在建筑设计上的能力,得到了很大的提升。他在设计期间还做了一些研究工作,针对 30 万人体育场,与两位同事合写了一篇文章叫《大型体育场视觉质量的研究》,发表在《建筑学报》上,这是他毕业后发表的第一篇文章。

这真是一个令人惊异的开端。这样的学术论文可以快速分享最前沿的知识和方法,让别人能在他的基础上继续研究,避免重复性的工作,推动技术快速前进。他的论文是下了功夫的,投入了感情和兴趣进去,是一种弥补他与建筑顶尖大师们差距的最有效手段,从中他也学会了研究、思考和学术规范,非常有价值。可以说他一开始走的就是建筑实践与建筑理论齐头并进的道路,尽管那时他本人都未意识到这一点。23 岁的程泰宁从此养成了每做一个方案,就写一篇论文的习惯,这种习惯为他后来建筑思想的产生和形成,提供了实践基础。

人民大会堂工程由北京市建筑设计研究院承担设计工

---

① 《腾讯专访建筑设计大师程泰宁:搞科研既要有野心也要有平常心》,https://tech. qq. com/a/20190808/003954. htm。

作,领导们特别是周恩来总理,每次看过方案后提出的意见传达到包括建研院在内的3个单位,然后各单位根据领导意见重画效果图,画完马上拿走,再去讨论。当时建研院能画效果图的人也不多,最后都落到了程泰宁的头上。他的设计思路灵活,画得又快又好,很受领导器重,也为专家组提供了一些参考。

1959年8月,人民大会堂的大部分工程都进入验收阶段,成立了验收委员会。建研院的院长汪之力担任组长,副组长是杨廷宝、张镈,组员包括梁思成、林克明、鲍鼎、王华彬等,都是当时顶级的专家,程泰宁担任验收组的秘书。

汪之力院长希望程泰宁去验收委员会,能写点东西,对人大会堂的设计做一个总结。可项目的总负责人张镈先生,却想安排程泰宁做具体的会务。为此,两人当着程泰宁面起了争论。

汪院长说:"我派程泰宁过来不是给你干具体活的,他来要做学术上的事情,你如果这样安排,我就把他抽走,干其他活儿去了。"

张总说:"好,好,那就这样吧。"

于是,程泰宁开始陪着验收委员会的专家,到人民大会堂现场检查,他还因此看到了一般人都不知道的地下室的风道,那里可以并排开两部汽车。他上午跟着前辈们参观,下午在老先生们所住的新侨饭店进行讨论。程泰宁把专家们提出的整改意见记录下来,晚上把议定的事项分成几条具体意见,经杨廷宝先生审阅后签字,上报验收委员会。

验收工作持续了七八天。作为验收组的秘书,程泰宁全程参与,每天听顶尖高手们"过招",收获颇丰,长了不少见识:

有一件事印象很深。人民大会堂的宴会厅墙面参照西方古典柱式做法。验收时,杨先生大概感觉阳角转角的做法不太好,就转身对旁边的梁思成先生说,思成,我考考你,西方柱式的转角怎么做? 梁先生回答完,杨先生微笑着说,你说得不完全对,然后他们就讨论起来。先生们对细节的关注和学识,给我留下了难忘的记忆。①

《荀子·劝学》有言:"蓬生麻中,不扶而直,白沙在涅,与之俱黑。"意为蓬草长在麻田里,不用扶持,自然挺直;白色的细沙混在黑土中,也会跟着一起变黑,说的是环境对人的影响。在建筑界的顶尖高手们的影响下,程泰宁的进步是惊人的,他以最快的速度超越过去的自己,在专业上越发触类旁通,眼界更为开阔,看问题也愈加透彻。

3．设计南京长江大桥桥头堡

在几个大项目中磨炼一番之后,程泰宁开始独挑大梁。1959 年建研院承担了山东工业展览馆的设计任务,他被指定为工程主持人。施工图完成后,恰逢全国基建调整,半途下马。不过,程泰宁正在以可见的速度不断进步,风华正茂的他已经成为建筑界一颗耀眼的新星。

1960 年春,程泰宁快步走在晨光熹微的大街上,贪婪地呼吸着清冽的空气,浑身充满力量。刚进办公室还没坐下,

---

① 《腾讯专访建筑设计大师程泰宁:搞科研既要有野心也要有平常心》,https://tech. qq. com/a/20190808/003954. htm。

他就被叫去开会。原来,建研院接到上级下达的一项新任务,这次的设计对象是南京长江大桥的桥头堡。

南京长江大桥是中国第一座自行设计、建造的双层铁路、公路两用桥,关系到桥梁整个形象的桥头堡的建筑艺术造型,显得尤为重要,对桥头堡的美学要求也更高。1958 年8 月桥址方案确定后,南京工学院建筑系承接了大桥桥头堡设计任务。此后任务几经易手,一直没有定论。1960 年铁道部发起全国范围内的方案征集竞赛,建研院派出以程泰宁为主的小组,承担此次设计任务。

程泰宁觉得,虽说桥梁建筑的主要功能是承载和跨越,可作为一种建筑,它就具有观赏功能。故而国际上的桥梁设计,都要求有建筑师的参与,以使桥梁景观具有更优美的形象。君不见古今中外,有许多桥梁及桥头堡,因其别致的景观特点,成为当地的地标。要充分展示南京长江大桥独有的地位和特色,桥头堡的形式既要有雄伟壮丽的外貌,还应具有鲜明的民族风格和时代特征,表现出中国人民建设伟大祖国的豪迈气概。经过一番深入思考,他迅速定下顶部有群像簇拥红旗的门式方案。

位处南京的南京工学院,对拿下桥头堡更是志在必得。系主任刘敦桢先生挂帅,亲自起草设计说明书,童寯老师也做了方案,即中式凯旋门方案前身。在这种情况下,南工校内最初的方案有 300 多个,经几轮筛选,最后选出 38 个方案为选送方案,6 个为推荐方案。[①]

1960 年 4 月,全国竞赛的评选在南京福昌饭店举行。评

---

① 陈颖:《南京长江大桥封闭修缮 26 个月即将通车 50 年前建设者剪彩》,《浙江新闻》,2018 年 12 月 25 日。

程泰宁设计的南京长江大桥桥头堡方案

选会由铁道部大桥局的梅阳春总工程师主持,评委有鲍鼎、吴景祥、戴念慈、张镈、方山寿、杨廷宝、刘敦桢等老一辈建筑师。在评选会后,程泰宁得知:这次比选,全国各地建筑设计师纷纷参与,高手云集,佳作频出,共收到 17 个单位送交的设计方案达 57 个之多。此次初选是 57 进 3,选出了 3 个推荐方案,其一是建研院(程泰宁设计)的在顶部有群像簇拥红旗的方案,另两个是南工建筑系钟训正所做的两面红旗方案和凯旋门式方案。

对这 3 个方案该怎么综合,后来又开了两次会。第一次开综合会时,程泰宁见到了杨廷宝先生。距离上一次与恩师见面,还不到一年时间,可此时的杨先生作为"资产阶级白旗"已经靠边站了,跟程泰宁讨论设计思路的,是当时的南工建筑系主任。看到杨先生孤零零坐在一旁,程泰宁心里很不是滋味,觉得这样对待建筑大师,简直太不像话了。

这次会上,大家互相交换了意见,又改了一轮方案。一

个月后也就是 1960 年 9 月,第二次开会,由程泰宁和钟训正在现场综合,把方案定了下来。钟训正先生是程泰宁的老师,各方面的业务能力都很强,和学生的关系也特别好。综合结束后,钟训正改了一个定稿方案图,和南工建筑系继续做下去,程泰宁没有再参与后来的施工图设计。

南京长江大桥的建设,为后来中国桥梁事业发展奠定了人才基础。大桥汇聚了当时全中国最优秀的桥梁结构工程师,还有全中国最好的建筑设计师、施工人员、管理人员,很多人成为各个行业的领军人物。例如,当年大桥桥头堡设计方案的两位设计者钟训正、程泰宁都已入列院士,成为所在领域的泰斗。[1]

最后综合(采用)的方案

---

[1]　金莉萍、李芳、葛妍:《"重装上阵王者归来"今天南京长江大桥恢复通行》,《南京日报》,2018 年 12 月 29 日。

□ 4．参加国际竞赛

20 世纪 60 年代初，国家经济处于困难时期，大型公共建筑基本停建，程泰宁利用这段低迷期的空闲充电。他平素喜欢看关于西方建筑的介绍，不过那时国内比较封闭，很难看到外文图书。到建研院后，他发现这里的建筑类藏书在全国最新最多。由于建研院是当时全国最顶尖的建筑研究单位，当时馆藏的难得一见的国外书籍、杂志，连清华大学都没有，比如《建筑评论》(*Architectural Review*)、《建筑实录》(*Architectural Record*)等，刊载的多是国际上流行的现代主义建筑。一俟看到如此丰富的藏书，他不啻发现了宝库，那种喜悦无法言说。通过这些期刊，他较早地接触到了西方现代建筑，开阔了眼界。

由于常去图书馆，和管理员搞熟了，程泰宁被允许带小板凳在书库里坐着看书。为了读更多的书，他隔半个月或一个月就去一次图书馆，从早上坐到下午，读得废寝忘食，天昏地暗。有一次出差，他在书店买到一本《罗丹艺术论》。那是一本短小而充满亮点的谈话录，罗丹对艺术的看法时时给人启发，傅雷的译笔亦是美的享受，令程泰宁如获至宝。返程时，他趴在卧铺车厢的上铺，一口气把它看完，直到下车前都没离开床铺。

大量阅读的同时，他也一直在思考东、西方文化的问题。自大学起他就有构建知识体系的意识，想编一张表格来对比中西方文化、艺术的相互关系。当时这张表格已初具架构，他把吸收到的碎片化的知识加以整理，经过思考消化，添加到自己的知识体系当中，学术水平和设计水平得到很大

提高。

　　每到周末，他都外出写生，不断地练习绘画，还请著名的版画家李桦先生评论自己的作品。他的作品集中选用的一些手绘，都是那个阶段画的。

　　一个有准备的人，总能等到机会。1961年，卡斯特罗指挥古巴军民，击败美国派遣的雇佣军，取得了卫国战争的伟大胜利，古巴政府为此向全世界征求纪念碑设计方案。中国建筑学会立即组织各设计科研单位、高等学校参加此次国际竞赛。这是中华人民共和国成立后我国建筑师第一次参加国际竞赛，大家既兴奋又期待。因为程泰宁之前的表现优异，建研院抽调他和另外三名同志参加此次竞赛。程泰宁很珍视这次机会，他深知参加国际设计竞赛，是许多建筑师创作实践的必经之路，几乎很少有在成名之前一次竞赛都没有参加过的建筑师。竞争为丰富创新的建筑师提供了发挥才能、最大限度地进行各种探索的机会。①

　　程泰宁对古巴并不陌生，那是一个加勒比海地区岛国，充满着中世纪欧洲的建筑遗风，洋溢着浪漫情怀。他也很欣赏古巴的领导人卡斯特罗，这位自幼胸怀大志的领导人，曾带头抵御身为大庄园主的父亲对雇农的虐待，后积极投身抵抗亲美独裁政权的爱国运动。有一次卡斯特罗的行动遭美国海军阻挠，他背着冲锋枪奋身跳入大海，游过鲨鱼出没的海域回到古巴。

　　这个传奇故事给程泰宁留下了很深的印象。他不禁凝眉思忖：这次国际大赛的入选作品，将作为纪念古巴人民在

---

　　①　梁爽：《国内建筑设计竞赛研究》，硕士学位论文，同济大学，2003年。

争取独立的斗争中取得胜利的标志，成为人们的精神支柱。如用火炬、号角、旗帜等意象来表达胜利，不免流于形式，自己应该寻找一种特殊的表达方式，既具有强大而普遍的感染力，又能不受时代局限。

当时中国的建筑创作方向，坚持社会主义的新风格，绝不能"西化"，这就决定了中国建筑的探索与经典现代建筑的距离。[①] 程泰宁深知，这次国际大赛所受的约束比平时要少很多，是难得的表达个性的机会。他极其兴奋，思维欢腾奔逸，在草纸上不停地涂涂画画，几经易稿，反复推敲，终于勾勒出满意的轮廓。

他的设计包含纪念碑、广场与一座博物馆。广场是圆形的，底部采用 V 形立柱的镂空设计，不仅丰富了层次感和线条感，也赋予整个建筑以轻盈、灵性；从圆形广场进入围合的博物馆庭院，映入眼帘的是一座别致的碑体，它好似风帆，象征着卡斯特罗领导的新古巴即将扬帆起航，在大海上自由地航行；又如稳固屹立于海边旷野的金字塔，象征永恒的记忆，并以全新的姿态引导人们迎接美好的未来；又或许什么都不是……碑体的象征意义的不确定性，反倒形成了丰富的审美空间，给人无尽的想象。纪念碑的 V 形平面、大台阶的 V 形石阶、柱廊的 V 形柱，都在重复着同一个主题——胜利，胜利，胜利！情感如此层层叠进至高潮，具有一种直击人心的力量。

这次程泰宁所设计的吉隆滩纪念碑，大胆采用了三角锥体作为碑体，完全是西方的构成手法，设计语言简洁洗练，格

---

①　邹德侬、张向炜、戴路：《20 世纪 50～80 年代中国建筑的现代性探索》，《时代建筑》，2007 年 5 月。

调清新。总工王华彬看到他设计的草图时,感到很满意,最后拍板在程泰宁提出的方案的基础上修改定稿,代表建研院参加竞赛。

程泰宁设计的吉隆滩胜利纪念碑方案(左为手绘图,右为模型)

在上报名单的时候,却出现了一个小插曲。王华彬对室主任说:"程泰宁的名字恐怕还不能写上去。"

主任不禁皱眉:"为什么?虽说你们是四人小组,可方案是程泰宁设计的,怎么能不写他的名字?"

王华彬为难道:"国外有规定,必须是建筑师才能写名字。其他单位报的都是建筑师,他不是。为了避免他有意见,你得找他做做工作。"

于是主任就找程泰宁谈话,对他说:"有这么一个情况,这次上报设计人员名单,可能不能写你的名字,你不要有什么情绪。"

程泰宁一愣,然后坦然道:"这有什么关系啊,不写就不写好了,你不需要做我的思想工作。"当时他真的是一点不满都没有,觉得自己才 26 岁,还年轻,这一辈子还可以做好多事情呢,这么一件事不写就不写,没有关系的。署名不署名啊这些事情,根本就不在他考虑的范围内。

过了几天,王总挺高兴地对程泰宁说:"我去争取了,你的名字可以写上去了。"

国内评选时,需在全国各单位提出的 81 个初步方案中,选送 20 份出国。建筑学会第一轮投票,程泰宁他们的方案得票最高,是第一名。大家又提了一些意见,王华彬回去就叫程泰宁修改:"大家都说这个广场缺一个入口,你把图纸改一下,开一个口。"

程泰宁却不肯改:"圆形广场怎么还有入口?本来人们从任何方向都可以进入广场,如果硬开一个口子,就破坏了空间构成的完整性,也是画蛇添足嘛。"

他执意不改,最后还是主任出面做他的工作,说不能个人主义,要虚心听取别人的意见云云。程泰宁只好妥协,把图纸改了,结果在第二轮评选时得了第二名,不知是否由于修改的原因未拔头筹。此方案后来还是被送去参选了。最终入选的,是一位波兰建筑师的作品。

虽在国际评选中落选,但经此一役,程泰宁得到了很大的锻炼。特别是看过入选的方案后,通过对比知道差距在哪里,这对他开阔视野、丰富创作构思大有助益。他觉得:

> 虽说中外设计存在着差距,但我们也不是那么差,通过学习、吸收、开阔视野,中国建筑师有能力、有信心迎头赶上,达到国际先进水平。

他由此树立了信心。可以说,这也是此次国际竞赛带给他的最大收获。

当时,程泰宁是国家科学发展十年规划公共建筑部分的负责人之一,除设计之外,他还承担一些研究工作。1961 年,建研院与北京市建筑设计研究院、清华大学、北京建筑工程学院联合对装配式住宅的一些课题进行研究,后由程泰宁负

责并执笔写成《装配式住宅艺术处理的探讨》一文刊于建筑学报。

1962年,建研院与铁路专业设计院联合编撰《铁路旅客站建筑设计》一书,作为铁路中专工业与民用建筑专业《房屋建筑学》课程的补充教材。当时包括全国所有的铁路局、大站所在的设计院和高校在内的20多个单位都参加了,程泰宁是三个负责人之一,主要负责其中二、三章内容的撰写,并控制全书绘图质量。他在这个项目上花费了3年时间,做了大量工作。随后到来的"文革"使该书的出版被搁置,"文革"后期这本书终于出版,那时程泰宁还在临汾"下放",书上没署他的名字。

由于工作表现优异,在"大跃进"的三年中,程泰宁历次被评为建工部(现住建部)红旗青年,1961年获得中央国家机关团委表彰。1964年的程泰宁可谓意气风发,对未来充满信心,他后来回忆:

> 当然在工作中也遇到过很多困难,而对于年轻气盛的我,困难似乎是一个磨炼甚至显示自己力量的机会,因此在一次次困难被克服以后,增强了我对工作的自信和取另一次拼搏机会的强烈愿望,我惊异而高兴地发现人的潜力之大。当时我曾天真地想,我才20几岁,这一辈子我将能做多少事情啊![1]

---

① 《院士自述》,中国工程院院士馆,http://ysg.ckcest.cn/ysgDetails/personalSelfReport/1603/sjzj_yszs.html。

第四章　越风雨,越风景

□ 1. 特殊时代

在电影《霸王别姬》中,段小楼与程蝶衣是打小一起长大的师兄弟,两人结下了深厚情谊,约定合演一辈子《霸王别姬》,然而"文革"期间,段小楼为了自保,不顾一切地揭发师弟,程蝶衣对师兄的所作所为十分失望,最终自刎而死。那是一个相当特殊的年代。

程泰宁本想一直安静地画图、做设计,却不知命运另有安排。在他步入建筑设计领域的第八个年头,事业渐入佳境之时,全国开展了"设计革命化"运动,程泰宁他们被要求"下楼出院"去外地工作,同年他又被派往兰州搞"四清运动"。一年后返京时他惊讶地发现,自己所在的工民建研究室以及梁思成担任室主任的历史与理论研究室,因与意识形态关系密切竟被撤销,他和一部分同志共 61 人被调到建工部的标准设计研究所(下简称"标准所",即今"中国建筑标准设计研究院")。

1966 年,一场史无前例的大风暴开始席卷全国,几乎所有人都身不由己地被卷入其中。程泰宁出身旧官僚,这成了

他的"原罪",历次政治运动都因此"污点"而被批。不过,由于前头还有"反动学术权威"以及走资本主义道路的当权派,像程泰宁这样的小角色,倒没有挨斗。

运动初期,按规定标准所要成立一个7人小组的"文革"委员会,代替所长、副所长主持整个所的运动及工作。上级机关直接指派一位干部担任主任,其余的6名委员则由各个业务室的群众"推选"。出人意料的是,这个业务室却选出既非党员、出身也不好的程泰宁!标准所并不大,加上后调入的程泰宁等61人,也不过180人左右。程泰宁能够当选,可能跟那些老同事有关,他们熟悉程泰宁,认可他的人品。而原标准所的员工经过相处,也认可他的业务能力。也许是这些因素共同起作用,竟跑出程泰宁这么一匹"黑马"。

虽然进了"文革"委员会,程泰宁并无具体工作,他也几乎是"徐庶进曹营,一言不发"。虽然平时一言不发,可当批斗其他同事时,他却发声了。原来,当轮到批斗程泰宁所在业务室的同事时,主任让程泰宁组织揭发批判。程泰宁很为难,他看过关于他们的所谓"黑"材料,觉得跟"反党""反社会主义"完全扯不上关系,以为这种对阶级斗争的无限扩大很不妥。于是对主任说:"某某出身好,又刚留苏回来,这次批判能不能不包括他?"

主任勉强答应,脸色却很不好看。程泰宁觉得此时再为其他几人直接求情肯定不行,无奈之下,他走了一条"曲线救国"的道路,让一位性格比较张扬的年轻同事找主任"沟通"一下。程泰宁发现,这个主任有凭个人好恶整人的恶习。果不其然,在这位同事主动找她汇报思想后,主任再也不提整那个人的事了。因为程泰宁的直接或间接的干预,很多同事免于被批斗,他所在业务室的"革命"自然不够彻底,主任对程泰宁相当不满意，背后说他"不积极、不配合"，后来干脆"文革"委员会的有些会都不让他参加。可群众心里有杆秤，把程泰宁的所作所为记在心里，认为他是个好人，希望干部都像他一样，大家才有好日子过。

1967年1月，造反派组织夺权，把"文革"委员会打翻在地，一位刚毕业的大学生造反派，"夺"走由程泰宁保管的单位公章，随即成立勤务组接替了领导权。这个大学生自封为一号勤务员，让群众推选其他的勤务员。大家觉得程泰宁不错，就把程泰宁选了上去，刚被"夺"走的公章又回到他手里，令他哭笑不得。大学生走马上任后，自己整天外出搞串联，和全国各地学生交流"革命经验"，让程泰宁组织并主持全所的"大批判"。

随着"文革"深入，打砸抢升级，许多人遭受严重的人身侮辱。在当时的政治环境下，卑劣者借机作恶、发泄私愤。被时代的风云裹挟，即使标准所是个小单位也无法逃遁。家庭出身不好，又曾被下放广东、兰州，程泰宁对政治运动并不狂热，虽被推上单位的权力中心，在那种疯狂的语境中不可能不讲些"极左"的话、办些"极左"的事，否则就会被打成"右倾"，可他最大的愿望不过是想安安稳稳地画图。此时不由自主地被巨大的历史洪流推搡着前进，作为个体无法与时代抗衡，他却选择遵从本心，就是"批判和斗争，都应对事不对人。坏思想可以批倒批臭，但人可以接受教育和改造。对人的批斗要慎重，不能上纲上线，更不能造谣中伤。"这是他坚持的底线思维。

标准所在程泰宁的把控下，斗争很温和，从未发生过任何形式的"武斗"。有位被批判靠边站的12级老干部（副所长）患病住院无人照顾，程泰宁不仅动员其他同事轮流照顾，

自己也去医院陪护一夜。他觉得恪守良知、待人以善是做人的底线，"抓革命"也不能破坏这一点。在批判会上，常有人情绪激动，呵斥被批斗的人站起来。程泰宁总在大家情绪平稳后，让被批者重新坐下接受批判。如果气氛突然变得紧张，眼看着斗争要升级，程泰宁会技巧性地转移话题，劝大家批某人的下一个问题，从而缓和紧张气氛，使被批者逃过一劫。

有一次开全所大会，突然有人提出："隔壁的北京院已经'交钥匙'了，为什么咱们标准所迟迟不交？今天必须把钥匙交出来！"这人所说的"交钥匙"，就是把人事档案的保管权移交给造反派。在那个年代，如果"有心"，随时能从档案中找到整人的"黑"材料。所以无论谁拿到这把"钥匙"，就等于掌握了所有员工的"生杀大权"。眼看现场气氛愈发紧张，程泰宁当机立断，宣布立刻散会，承诺此事由他负责解决。会后，程泰宁和原来保管档案的人事干部商量，封存所有的人事档案，谁都不能动，从而封住了是非。

虽置身于运动的狂风骇浪中且身居高位，程泰宁并未被狂热的政治激情蛊惑，随波逐流地批斗他人。由于教养的坚实、本性的善良，他不仅未曾整人，还尽其所能地保护同事和干部、平息风波，体现了一名知识分子的良知，闪耀着人性之光。程泰宁经历的磨难沉淀到他精神气质中去，形成他看待世事人生的态度。身心疲惫的程泰宁不仅萌生退意，也明确了自己未来的人生走向——从此远离权术。当时程泰宁与徐东平已经结婚，在北京组建了小家庭。程泰宁的弟弟程永宁有位姓潘的高中同学是北京大学生物系的教师，和程泰宁也挺熟。这位小潘因反对北大的造反派领袖被打成反动分子，逃到程泰宁的家中避难。在程家躲了十来天后，小潘被人发现，遂连夜逃去南方，临行前留下两包信件。

对小潘的通缉令贴到了家门口。程泰宁心里一沉，马上意识到事态的严重性。果不其然，到了单位门口，也看到了对小潘的通缉令。一直想踢开程泰宁这块"革命"的"绊脚石"的建工部军代表，可算找到机会，立刻免去他大联委"一把手"的职务。

一夜之间，批判程泰宁的大字报从标准所的三楼一直贴到一楼。"罪名"之一是包庇反对"文革"分子，"罪名"之二是怕"拔出萝卜带出泥"，包庇造反派一号勤务员是为了掩盖自己的问题、阻碍"文化大革命"进程等等。程泰宁脑子都蒙了，不知道哪里做错了，甚至想过用自杀证明清白。军管会的人来到他家，让他交出小潘的东西。当时他很是犹豫：交，则对不起小潘；不交，又对不起组织。经过一番痛苦的天人交战，还是交出了小潘留下的两包信件。此后，程泰宁的心里像压着一块大石，一直很愧疚，觉得这是自己在"文革"中做的唯一一件对不起别人的事。直到四十多年以后，他再次遇见小潘，第一件事就是向小潘郑重道歉。此时已年过花甲的小潘惊讶道："你怎么会有这种想法呢？当时你顶着那么大压力，把我留宿在你家那么多天，我怎么会怪你呢！而且你只有一间房，搜也能搜得出来啊！"程泰宁这才释然，他并未告诉小潘自己因受他牵连被免职以及后续的遭遇，只是说："和你讲过这件事，我总算能放下了。"

当时军管会还想从程泰宁那里挖出点什么，责令他写检查做交代，程泰宁不想写检查交代，因为觉得没有什么事不可对人言的，就把"文革"中自己做过的事、说过的话，如实地以大字报的形式写了出来，贴在办公楼的公共走廊上。这以后再就没人贴他大字报了。他这才恍然大悟：虽然在每个阶

段他好像都持不同政见，但坚持的都是对的，只不过现在有人觉得他挡了路，正好借这个机会把他整下来，不让他当大联委一把手。他本就不想干，索性成了逍遥派，专心画画。那会儿不能画别的，他就画伟人和工农兵形象。他开始学画大幅油画和伟人像，曾和同事张孚珮一起到隔壁北京院"偷技"，看张绮曼（后为中央工艺美院系主任）画大幅伟人像的作画过程。抽空他还画了不少水彩画以及刻纸作品。当时还流行编织绣像，程泰宁便画绣像的图，把人的面部分成若干深浅不同的块面，女同志再用针织出来。在那段时间，他又回到了久违的、十分自洽的氛围里。

1968 年，程泰宁被下放到建工部的河南修武"五七"干校劳动，还"赏赐"他一个班长的职务。在下放期间，程泰宁结识了一位好朋友，就是他所在班组的"摘帽右派"陈忠麟。陈忠麟也是上海人，毕业于上海交通大学土木系，后来在北京工业院从事结构工作。程泰宁欣赏他为人正直、技术也好，在安排劳动时都尽量照顾，二人志同道合，结下了深厚友谊。

即使身在干校，程泰宁的心中仍有彼岸，每天不管多晚都坚持画画，利用碎片时间打磨专业技能。当时不能画风景、建筑，他就把革命领袖和工农兵英雄作为绘画题材，在创作的油画肖像里，

程泰宁在干校的昏暗灯光下画的素描（局部）

融入了自己对中国传统文化之审美精神的领悟。

在干校后期，他住在乡下学校里，房子坡顶很高，从屋顶垂下一根短短的电线，悬着一盏 15 瓦的小灯泡，环境昏暗，人看不清东西。他在大桌上叠放一张小桌，再摆上小凳，这样离灯泡更近，看得更清，然后趴在灯下画图。在暗淡的灯光下，他画得仍很细腻。经过长时间的锻炼、积累，他的绘画能力也在不断增强。

1970 年"五七"干校解散，来自建工部的下放干部，当时基本上都是按照籍贯分配下放单位。程泰宁祖籍安徽，生于南京，就近分配应去湖南。不过标准设计研究所的一把手，因为程泰宁公开反对把两个老干部定为"叛徒"和"假党员"，特别恨程泰宁，嚣张地对手下说："把程泰宁分到山西去！那里离北京近，没准什么时候还得把他弄回来，再继续整他！"

▢ 2．与"陶霸天"的忘年交

1971 年，程泰宁和国家建工部设计院的其他 24 名专业人员被下放到山西临汾设计组。不久，程泰宁和妻子徐东平的户口都被迁去临汾。他心情沮丧地回到家中，妻子紧握他的手，默默地安慰他。程泰宁愧疚地说："是我连累了你。"

深情地望着丈夫的眼睛，徐东平微笑道："当初你被贴大字报那会儿，我还真是有点怕，不知他们会怎么批你。现在一切尘埃落定，我反倒轻松了，最坏也不过如此。不过，儿子不能跟咱们去临汾，他还太小，适应不了那里的生活。"妻子的温言细语，令程泰宁得到不少安慰。后来，他们的长子被

留在上海,由祖父祖母养育长大。

"文革"开始后,人人自危,许多建筑界权威受到迫害,不少人对专业失去了信心。程泰宁被下放山西之前,买了很多图书馆处理的专业书籍,这令他的一位同事十分不解:"你怎么现在还买书? 难道还想干这个专业?"

"我也不知道未来怎样,可我想坚持下去。"程泰宁如是说。

孙芳垂先生①被下放到山西运城后,在与程泰宁聊到下放人员的处境时,曾发出疑问:"难道我们这一辈子就这样了吗? 我们还能做专业吗?"

程泰宁语气笃定地说:"不管怎么说,中国这么大一个国家,总还是需要建筑的,唯一不确定的是我们这辈人能否赶得上。"即使不可避免地被卷入时代的漩涡,他对建筑的热爱从未减退,手中的笔也未曾搁下过,可以说,他对设计有种永不放弃的偏爱和执着。

临汾位于山西省西南部,因地处汾水之滨而得名。20 世纪 70 年代的临汾城很小,程泰宁他们刚到那里,当地的同志就诙谐地念了一段调侃临汾的顺口溜:"一条马路三座楼,一个警察管两头,一座公园两只猴,招待所,没枕头,一日三餐啃窝头。"程泰宁和妻子在城里逛了一圈,街道不长,比较像样的是一家红旗饭店,再往远走,就是临汾火车站了。小城一角的古城墙,吸引了他们的注意。这段始建于北魏、明洪武初续修过的城墙,由黄土夯实建筑而成,墙体饱经风雨侵蚀,早已残败不堪。一阵寒风吹过,刮得尘土满天飞舞,就连呼吸的空气里都是沙土,灰蒙蒙的天让人心情很压抑。

---

① 后被评为中国第一批设计大师。

当时下放了 25 名知识分子去临汾,其他人被安排住在一个大院里,程泰宁因为"政治上有问题",和陶逸钟、严星华被单独分配在一个院子。当时陶逸钟的家人留在北京,程泰宁和其他同事都是全家人一起被下放山西。

陶逸钟,早年毕业于上海交通大学土木系,又留学美国康奈尔大学研究生院,回国后当过大学教授,参加过抗美援朝,1953 年担任建工部北京工业建筑设计院(下简称"北京院")的结构总工程师,是该院的技术"一把手"。他专长土木结构,工作严谨,注重培养年轻人。

严星华,浙江鄞县人,生于上海,毕业于重庆中央大学建筑系,是孙科之女孙穗芳生母严蔼娟的弟弟,曾主持设计全国农展馆。

刚到临汾,生活上的改变很大。首先是供应很差,跟北京不能比。北京是当时全中国物资供应最好的城市,在临汾顿顿都吃窝头,很不习惯,街上也买不到点心。程泰宁以前的生活虽说不上养尊处优,但习惯做甩手掌柜,一心扑在工作上。到了山西,他面临在地方安家生活的许多实际问题:

> 刚由北京来到临汾,环境突然变化,对于我这个"四体不勤,五谷不分"的人来说,首先是生活上的难以适应。我动手能力极差,面对搭厨房、砌炉子、打煤坯等当时生活上必须解决的种种问题束手无策。这时陶总总是主动热情过来帮忙,我家里的第一个采暖炉从"设计"到"施工"——砌砖、抹泥搪炉膛到安装烟囱,都是年已花甲的陶总一手包办的,我只能当当小工。在用拣来的破石棉瓦和买来的木板边皮搭建临时厨房时,陶总也是一边作"结构指导",一边示范操作。特别是打煤坯,往

往是我和他以及严总一起去城郊拉土，然后一起在院子里打煤坯，在夏天的烈日下，陶总脱光了上衣（我还是没有这样的"勇气"），满身大汗地挥锹劳作——那情景直到今天，仍然深深印在我脑子里。[①]

昔日陶总在专业上很"霸道"，"文革"中被批为"陶霸天"，甚至连人称"孙大胆"的孙芳垂，在运城火车站接临汾去的同志时，仍心怀余畏地问"陶霸天来了没有"。很快，陶总又因每月 280 元的高工资，在当地获得了一个新外号"二百八"。这位脱去了"霸气"的老人和程泰宁相谈甚欢，两人成

1973 年在山西临汾，程泰宁（左）与陶逸钟（中）、严星华（右）在自行搭建的厨房前

---

① 程泰宁：《我所认识的陶逸钟先生》，《岁月·情怀——原建工部北京工业建筑设计院同仁回忆》，同济大学出版社，2015 年 1 月。

了忘年交。在艰苦的环境中程泰宁学会了苦中作乐，他（35岁）和陶总（60岁）、严总（50岁）老中青三代人一起去拉煤，回来一起和煤，打成煤坯。炎炎夏日，陶总索性赤膊上阵，露出了腰间的钱包，程泰宁不禁打趣道："你看陶总把钱都放在裤腰带那里了。"三人大乐。

他们在经年累月的患难生活中，互帮互助，结下了深厚的情谊。二十多年后，在建筑学报组织的当代中国建筑师丛书《程泰宁》集出版座谈会上，严总深情地回忆往昔：

> 他（程泰宁）同我一起下放到山西省临汾地区临汾市——一个不大的地方，共命运，同甘苦。我们团结在一起、平安地相处了近十年。这时他 30 多岁，我 40 多岁，都是正值一生中大好岁月，但应该说我们都没有白白度过，锻炼了自己。大家由认识到相互知己知彼。他为人正直、勤学、好钻研、爱好建筑、喜好绘画，他的水彩画很好，水分掌握得当，功底很深，而他的铅笔画更是出神，我喜欢司托考斯基的 6B 铅笔建筑画，可是他的铅笔画更能细看……①

陶总在生活上很关心程泰宁。程泰宁晚上在闷热的房间里看书，经常听到陶总带着命令口气的喊声："小程，出来，乘乘凉。"老人的关爱，令他不禁想起了自己的祖母。他和陶总在一起，谈得最多的还是建筑与结构的关系问题。

陶总于 1973 年按政策调回北京，晚年因中风行动不便，

---

① 《当代中国建筑师丛书〈程泰宁〉集出版座谈会发言摘登》，《建筑学报》，1998 年 5 月。

疾病未能得到更有效治疗。程泰宁多次去北京探望他，沉疴中的长者谈起未竟的理想，流下泪来。英雄迟暮的样子，令程泰宁心里非常难过。当时的他也无能为力，只能扶着老人在室内兜几个圈子走一走。没想到后来一次普通的分别竟成诀别，这也成了他心中一个深深的遗憾。

□3．第一个作品是一座公共厕所

生活在临汾的程泰宁所面临的困境，不仅是物质匮乏与生活中的诸多不便——这些他都能忍受，最令他沮丧的是周围人对其工作的不理解。领导第一次接见他们这些下放干部时就问：“你们是搞设计的？会设计水渠、桥梁吗？”

有一次他去医院看病，医生边填写病历边问他：“干什么工作的？”

“搞设计。”

“设计？什么设计？”

“建筑设计。”

医生抬头望了望他，冷冷地说：“盖房子还要设计？”[①]

在北京时，程泰宁借助建研所的平台，可以接触到所有的大工程，而且常常都是他自己设计，这对建筑师来说实为无上幸事。到山西后，长期脱离专业、急于工作的他很想做点事，但实际情况却是在很长一段时间内都没有工程可做。慢慢地他意识到出路只有两条，要么丢开业务上的抱负，安

---

① 刘德科：《82岁院士还在画图　他说克制比张扬更难》，http://finance. sina. com. cn/roll/2018-12-16/doc-ihmutuec9766695. shtml.

心在这个小城工作下去；要么凭借自己的努力，闯出一条路来，继续攀登技术高峰。结合当时的现实，后一条路太过虚无缥缈；前一条路更容易，混一天是一天，不必为事业焦虑，反而舒服很多。

昔日跟弟弟信誓旦旦绝不像黄荣泰那样平庸地苟活、要做一番大事业的豪言壮语犹在耳畔，转眼就要成为自己曾经最鄙视的那种人吗？一念及此，程泰宁不寒而栗，感到一种比身处困境更深层的痛苦。手中这支画笔承载的不仅是他的梦想，也承载着他所有的感情和信念。人应超越仅为生存而活的狭窄境地，这样当年华老去、回首来路之时，才会无愧于心、不言后悔。带着义无反顾的决然，他选择后一条前路未卜的道路。明知此路难行，也要坚定地走下去，走到最后且看风景到底如何。

当时，程泰宁所在的临汾地区设计室，承担着所属各县的设计任务。有一次，当地打算上一个小化肥厂项目，可没人懂工艺。为了争取这个设计任务，程泰宁提出跨专业搞工艺，有位年纪比他大、工程经验也多的同事老谢说："你这个根本做不成的，化学工艺跟建筑完全是两码事嘛。"

程泰宁反问他："为什么做不成？我只要学，就能做。"他请亲戚帮忙，从上海买来十几本小化肥工艺丛书，学了好长时间，直到项目下马。后来他也发现，老谢的意见是对的，仅靠临时突击的知识，确实挺难做成。虽说如此，这说明他真的很想做事，哪怕别人觉得做不成，也要去试试。

有一次，他接到为临汾柴油机厂设计厂房的任务，跟甲方约好去现场谈设计条件。第二天刚到单位，天突然阴得发黑，远处积云翻卷。同事忧心忡忡地望着窗外："你看这天气，恐怕要下大雨，今天还是算了吧。"

程泰宁却摇头："好不容易有个项目能做，咱们又事先将见面的时间地点说妥了，无论如何都得去！"两人骑上自行车，披着雨披依约前往工地。

天色渐暗，很快下起瓢泼大雨。通往工地的土路原本坑坑洼洼，此时愈发泥泞不堪，但程泰宁他们顾不得这么多，依然奋力蹬车，不时溅起一身泥。到了工地，却发现对方一个人也没来。"文革"期间就是这样，外界根本不配合。程泰宁的心中无端生出孤军奋战的悲凉感。

留守的工人没想到大雨天还有人来，发现程泰宁两人被淋成了落汤鸡，十分狼狈。那人赶紧说："这样怎能行？天这么冷，你俩浑身都湿透了，会生病的！"把他们拉到锅炉房，让他们边烤火边等人。

可等了一上午，也没有人来。程泰宁很想做事，却无人配合，只能徒呼奈何。后来，那些他积极参与的小化肥厂、小柴油机厂等工程，都下马落空了。当时他只要稍有动摇，可能就此无缘建筑。当然，他坚持下来，"机会"也来了。

或许连他自己都没想过，在大学毕业二十多年后，处女作竟是一座公共厕所！那是解放军军部的一座公共厕所，面积还不小，男厕和女厕的蹲位加起来有二三十个哩。程泰宁并未看轻这个工作，不仅到现场看场地，待公厕建成后，还去检查设计和施工质量。昔时，这位南京工学院建筑系的高才生，曾做过许多重大项目的方案设计，其中不乏优异作品及成功案例。然则，从某种意义上来说，这个公共厕所竟是他第一个建成的作品。

在那之后不久，"文革"就结束了。后来他得知，许多建筑界同仁纷纷转行，荒废了专业特长，有的去收房租为生达十年之久。在人生低谷时，程泰宁也曾考虑是否转行去画铅笔画，当时他的铅笔画已具有相当的水准，可内心始终放不下建筑，而且他认准了一件事，就想做下去。故而，即使去建公厕也没委屈，认为浪费了满腔的才华，而是觉得有事情做就很不错了，何况房子还盖起来了，虽说这"房子"并不符合他的职业兴趣，但有些事总要有人去做。

有趣的是，到了 21 世纪初，山西临汾因有极多个性鲜明、造型迥异的公厕而获得国际大奖，冥冥中仿佛向程泰宁的"处女作"致敬。

☐ 4 . 点亮新的技能点

1972 年，程泰宁接受了设计山西临汾铁路货运站及仓库的任务。当地的设计室项目很小，不可能每个专业都配备，一般都是建筑、结构专业由一个人来做。为了适应环境，程泰宁主动提出这个项目的建筑及结构设计由他一人来做。在国内其他设计院，建筑和结构完全是两个方向，而他之所以有底气敢一人担两职，是因为他结构计算的底子不错，又有陶总做后盾。而且他觉得即使在这个最基层的设计单位，也应该尽力多做一些工作。

这个设计对程泰宁来说，相对比较简单，他又想在技术上有所突破，怎么突破呢？在抗震设防烈度①为 8 度的临汾，普通建筑的悬挑长度挑出三四米已是不易，程泰宁却设计了

———————

① 指建筑物需要抵抗地震波对建筑物的破坏程度。目前抗震规范中一共考虑了 6、7、8、9 度抗震设防和不设防，地震烈度大，设防烈度就大；地震烈度小，设防烈度就小。

一个单柱悬挑 6 米的站台雨棚，难度很大。设计完成后，当陶总最后郑重地在图纸的"审核"栏签上名字时，程泰宁跟陶总开玩笑："您一辈子审查了那么多的图，看了那么多的计算书，可能我的这个工程，是您花费时间最多，但也是最小的项目了。"

其后程泰宁仍无项目可做。在精神苦闷之际，他对当地新结识的某位美术界的朋友说："你们搞文艺的人，利用纸笔画布照样可以创作出一流的艺术作品。而我们做建筑的，如果没有一定的经济基础，没有及时的信息传递，特别是没有业主和周围的理解支持，想在创作上搞出点名堂来谈何容易！总不能在公共厕所或站台仓库中'创造'空间和意境吧？"

那位朋友安慰他："临汾毕竟信息闭塞，对建筑的需求也比不上大城市，如果你能调回北京就好了。我听说你们这批被下放的同志，有一些已陆续被调回首都，估计你也快了。"

叹了口气，程泰宁摇了摇头："我和建工部那些被下放的同志不同。在建筑界，我不过是一个无名小卒，不能指望政策的照顾或领导的援手调回北京，我必须首先靠自己。"

说着他重重地握了握拳，仿佛给自己打气："我出身不好而又顽强地表现自己，以致在两次政治运动中都被'甩'了出来。可即使最困难时，我还是相信中国终究需要建筑，我在业务上有一定实力，总有能够发挥作用的一天。在人生的竞赛中，我决不自认失败，我相信我能闯出来！"

1974 年，他终于接到临汾东风饭店的设计任务，这也是他人生中第一个设计并真正建成的民用项目。虽然这个旅馆以现在的眼光来看根本不大，建筑面积只有 4500 平方米，不过对当时的程泰宁来说，已是极其珍贵的创作机会。他也下了很大的功夫，一直从事方案设计的他，还做起了施工图设计。在设计公司，建筑师一般被分为两种类型，一种专做方案，另一种专做施工图，即把设计的方案转换成可行的施工图纸。在很多人的眼中，方案才是真正的设计，施工图只是死板执行规范的体力劳动。然而实际上，建筑师如果不懂施工图设计，其方案的实施性就很飘，落不到实处。

很多来自北京其他设计院的设计师私下认为，来自建研院、标准所的人只会搞研究，不会做设计。这些议论激起了程泰宁的好胜心，整日去现场观摩，很快就看出门道。工人们也发现，这位程工的话不多，却能说到点子上，渐渐信服他。

在东风饭店这个项目上，程泰宁担任了"总负责人"的角色，不仅要做方案，还要出施工图、跑工地。听说北京正流行一种新的外墙施工技术叫干粘石，比通用的水刷石省很多水泥，他便申请去北京学习，向在北京设计院工作的老同学叶谋兆要来好多技术资料，准备用在这个项目上。施工单位的技术负责人马家骥也是南方人，和程泰宁很谈得来，很支持他的工作。从北京回来后，程泰宁和老马合作，亲自去现场指导工人师傅做实验。在他的指导下，不断修正各种偏差，最终做出了质量上佳的干粘石。

当时预制彩色水磨石的施工工艺尚未传入临汾，程泰宁跟叶谋兆要来技术资料后，就和工人师傅们一起试验预制水磨石楼梯板。一次，程泰宁的上级主管单位——建筑公司的老总来到施工现场，看到程泰宁在尖锐的打磨机叶片和混凝土摩擦噪声中，忙着指挥七八个工人在水磨石楼梯上打磨抛光，满头满脸都是水泥灰，那人很是不解："有必要引进这些新玩意儿吗？还要费这么大的劲儿！"看向程泰宁的眼神很

是不屑。程泰宁也不在乎。

等到装修完毕,走进大门,与众不同的水磨石楼梯很是抢眼,在自然光线的投射下呈现隐隐的光泽,与白色的墙面相搭配,给人不一样的感觉,使得东风饭店从一片灰突突的建筑中脱颖而出。程泰宁所下的功夫取得了显著效果,得到业内业外的交口称赞。1978年中国建筑学会在广州召开旅馆设计经验交流会,程泰宁在会上就"东风饭店建筑设计"做了典型发言和经验介绍,会后整理成文并于《建筑学报》上发表。

由于临汾地区设计室的影响力渐渐扩大,1974年以后,程泰宁主要承担地区以外的工程,先后完成了邮电部第七研究所研究楼和解放军277医院的设计任务。几个项目做下来,他不仅熟悉了各种材料的技术规范、施工做法和造价,顺便把水电暖通和装饰装修这一套流程都给摸熟了。

□5．获奖了

1975年底的某天,程泰宁正在办公室计算数据。原来,单位分配给徐东平一个临汾剧院的设计项目,因她从未做过剧院,心中没底,就跟丈夫商量。程泰宁有设计国家大剧院的经验,他帮妻子把声学方面的数据处理完,然后她再去设计。正忙碌间,严总忽然叫他过去,郑重地对他说:"泰宁,这儿有一个新项目,你看看是否愿意参加。"

程泰宁好奇地接过计划书,翻开一看,随即兴奋不已。原来太原市拟建一座高层饭店,暂命名革命饭店(后更名云山饭店),地面上下共16层。要知道程泰宁所在的单位,不过是一个地区设计室，要去省城承接这么大的工程，无论对单位还是对他个人，都是一个考验。

不惧挑战的程泰宁，很清楚这是一个难得的机会，他压下心中的激动道："这座饭店建成后，将会是太原最高的建筑物。不过目前除了北京、广州正在建设一些高层旅馆外，咱们可借鉴的经验不多，得好好想想才成。"

严总点点头："这是一次难得的锻炼机会。你先去现场做个调研，回来交报告给我。"

来到太原，程泰宁发现云山饭店拟定址于迎泽大街东段，占据城市黄金地段，可惜用地受限。为了合理布局，程泰宁整日茶饭不思，早晨起来和妻子谈的第一句话，常常是夜里想到的某个具体设计问题。妻子开他玩笑："你不必娶老婆，只要找一个能替你烧饭又能跟你讨论设计问题的徒弟就行了。"

虽然嘴上嗔怪，徐东平自己也是全身心地投入到工作中。好在有程泰宁在上海的父母亲帮着照顾两个孩子，解除了他俩的后顾之忧，使他们能将主要精力集中到工作上来。在设计云山饭店期间，程泰宁与团队做了大量的调查研究，在太原工地做现场设计。他还给自己定下一条规定：每晚十二时以前决不停笔，星期日也不休息。

几经斟酌，他采取高层加庭院的布局方式。在用地紧张的情况下，通过合理布局，仍保留了两个庭院。公共用房被他集中布置在庭院的周围，方便易找，又可借庭院景色来丰富室内空间。他对饭店的门厅、餐厅、对外营业的商店以及造型、外墙的设计都颇具有创意，还引进采用了一些新工艺。云山饭店于1982年建成后，获20世纪70年代全国优秀设计表扬奖（相当于国家银奖），与广州矿泉别墅、东方宾馆同为

三个获奖的旅馆项目之一,也成为程泰宁的第一个获奖作品。

在其后的岁月中,云山饭店受到很不适宜的改造。可喜的是,2009年正式出台的《太原市历史文化名城保护规划》中提出,"要严格保护迎泽大街两侧的历史建筑如云山饭店等"①,30年后,云山饭店被纳入了历史建筑保护范畴,更好地彰显太原的历史文脉。

做完这个项目,程泰宁总结经验,写了两篇论文。4年设计完成4个项目,他在当地渐渐有了名气。临汾的工作环境很不理想,资源有限,程泰宁的人生境遇受到很大制约,可因他目标坚定,并为此付出了相当的努力,最终突破发展瓶颈。

1976年"文革"结束,被下放到临汾的干部们陆续返京,各自开始新的生活。程泰宁也想寻求一个更好的创作环境,向往着能有机会参与大的工程设计,去追求专业上的提升。可为了实现这个目标,他足足又等了5年。

虽说打倒"四人帮"后,国家各地都需要人才,为他的调动提供了可能。不过由于表现出色,他被当地视为不可多得的人才。地区领导说:"'徐庶进曹营',哪怕他不说话、不工作,也要养着他,不能让他走。"山西省委组织部部长特意发话:"谁要把程泰宁放走了谁要负责!"所以当北京、天津等几个单位去临汾调动程泰宁时,都被当地领导一口拒绝,甚至有一次建工部规划局刘局长和王凤武先生(后任南宁市副市长,建设部城建司副司长),拿着当时华国锋主席签发的要求全国各地支援1978年唐山大地震重建的红头文件到临汾来

---

① 胡斌、李然:《太原城市规划:古风晋韵一点都不能少》,《山西晚报》,2009年11月4日。

调他，都没有调成。每次希望过后，失望接踵而至，近乎无望之际，又带来新的希望，等待的过程让他备受煎熬。

　　这期间程泰宁仍然奋斗在第一线，1978年设计了山西临汾石油公司办公楼。1979年通过设计竞赛，获得了太原山西省人大工程设计任务的机会。设计期间，他结识了山西省委书记，山西省人大常委会主任、副主任等领导，他们很支持程泰宁的调动。最后由当时的省委书记武光汤同志出面，给地区领导写了条子才算完成了他的工作调动。一个地区设计室的普通建筑师，竟然惊动了省委组织部部长和省委书记，这是程泰宁万万没有想到的事。对此他很感恩，后来撰文回忆道：

　　　　写到这里，我不禁又一次地想起了在山西一起工作的同志。我不仅想到当时在临汾设计室工作的陶逸钟、严星华、叶湘菡等同志给我的帮助和关心，而且想起了太原、临汾的建筑界和美术界王孝雄、张柏森等很多同志以及省市主要领导。当时，我没有名气，也没有官衔，更谈不上对他们有什么好处，但是，他们一旦了解我以后，给了我多方面的支持。他们并不因为我们是"外来户"或者是"山沟沟"（指临汾）来的而歧视排外，而总是多方面支持鼓励，为我排除干扰、创造条件。甚至我最后能够调出山西，还是得力于当时山西省委书记武光汤同志和省政府、省人大几位领导同志的帮助……①

　　① 《程泰宁——创作经历自述》，《程泰宁建筑作品选（1997—2000）》，中国建筑工业出版社，2001年7月。

离开山西后去哪里呢？当时程泰宁有很多选择，北京、上海、天津都有单位要他，既可以回原单位建研院，也可去北京院。当时建工部设计局有很多下属单位，局长王挺"文革"前曾兼任标准所的所长，他看到了程泰宁在"文革"运动中的表现，也相当欣赏程泰宁的工作能力，想请他来设计局负责一个处："你帮我做两年，做完你如果要去华东院，或是去北京院，随你。对了，你外语怎么样？愿不愿意去境外工作？"

程泰宁忙说自己外语不行，王挺一挥手："那你就去学半年外语。"后来程泰宁才知道，原来建工部设计局想扩大开放，在香港设立了一个事务所华艺设计公司，王挺想叫程泰宁去负责。

程泰宁坦言："我只想做设计。"

王挺笑道："你先来干几年处长，再调你去上海和北京的部属设计院也不迟啊。"

虽然有些心动，程泰宁却恨不得立刻就能画图，实在不愿"浪费"时间去搞管理，遂跟王挺约定一年后再做决定。正在举棋不定之际，恰逢杭州市建筑设计研究院（下简称"杭州市院"）准备参加"杭州百货大楼"的设计竞赛，程泰宁的大学同学郑光复向杭州市院的副院长杨重光推荐了程泰宁，杭州市院遂派人去临汾借调程泰宁赴杭参赛。不负所托，程泰宁设计的方案获一等奖，为杭州市院争取到了设计权。院领导非常高兴，希望他能尽快调入杭州市院，为求得良将，还特意请来程泰宁在"五七"干校时的老友，先期调入杭州市院的陈忠麟做动员。陈忠麟一听去请程泰宁，热心极了，极其真诚地对程泰宁说："你来吧，我们一起好好干！"

程泰宁真被"文革"弄怕了，而且部属的大设计院历史久远，自己一个新人过去，可能会遇到很多矛盾。他已经45

岁，只想好好做点事情，真不愿再介入政治，也不想受人事的干扰，只渴望一隅静谧的身心归处，杭州市院和老朋友的热情相邀让他动了心。那时他对杭州没有太多的概念，只知这座城市没有人认识他，从一个完全陌生的环境重新开始可能更好。妻子以前在杭州读过书，也挺喜欢这座城市，于是他放弃了在北京担任行政职务的机会，最终选择了杭州。

人生在历史的长河中，不过是短暂一瞬。可对程泰宁来说，在山西的十年却是他一生中最宝贵也是最有意义的时光。十几年前，作为建筑界的新人，他参与了国家级的大项目与国际竞赛，与国内顶级建筑泰斗共事，起点相当高，方案做得非常出色；十几年后，他在山西补上了施工图这一课，从单打独斗的建筑设计师，成长为一名懂得带领团队协同作战的项目负责人，完成了职业生涯的一次蜕变。经历种种磨难的程泰宁，在耐心和意志力上得到了很大提升，事业维度被不断拓展，也拥有走向更远、更广阔的未来的实力。

1981年春，在画完最后一张图的第三天，也是他入党申请刚被批准不久，程泰宁和妻子怀着复杂的心情告别生活和工作了十年的临汾，踏上前往杭州的旅程。

坐在行驶的火车上，程泰宁微微阖上双目，心底一片恍惚，记忆如潮水般奔涌而来，又飞快地退去。如今，他再度站在命运的路口，一如二十多岁时立于北京城外，期待着一段全新的人生。唯一不同的是，这一次，他对未来有了更加充分的准备和信心。

第五章 一个经典的诞生

□ 1．"中河改造"风波

　　被马可·波罗称为"世上最美丽华贵之天城"的杭州,是中国八大古都之一,历史上作为吴越国和南宋的都城,素有"人间天堂"的美誉。程泰宁到杭州的时候,正值新年伊始,万物复苏之际,但见水波回旋,岫云舒卷,一江春水穿城过。面对如此佳景,他的内心有说不出的愉悦。

　　被调入杭州市院后,程泰宁被任命为设计二室的主任。在经历了那么多的坎坷打击之后,终于有一个相对安逸的环境,可以静下心来做设计,令他分外舒心,他铆足力气要做几个项目,但没有料到的是,就在程泰宁来杭一年后,当时的杭州市委和省委组织部看过程泰宁的档案,觉得他符合干部提拔条件,想任命他当杭州市建委主任兼党委书记。

　　这个职位不算小了。听闻此讯,朋友们都为程泰宁开心,程泰宁心里却很苦恼,他自知脾气不好,既不愿说违心的话,也不会逢迎拍马。没过几天,省委组织部的来了一位头发雪白的女干部找程泰宁谈话:"经过组织的考核,决定让你担任杭州市建委主任兼党委书记一职。谈谈你的看法吧。"

程泰宁诚恳地说:"真诚地感谢组织上对我的信任,不过我做不了这事,我水平不够。"

"我们看过你的简历,你可以的。而且你的党龄也够了(三年),可以当建委主任兼党委书记。"

"我真的做不了。"程泰宁不想丢掉心爱的专业,故而再三婉拒,第一次谈话没有结论。过了几天,那位老干部又找程泰宁谈话,这次他明确地拒绝了,随后又给市委领导写了一封信,不愿从政。本来应尊重个人意愿,却给领导留下了一个不好的印象,有人说他不识抬举。程泰宁听了也不在乎,他觉得自己不适合做官,做建筑却颇为自信。接续程泰宁担任建委主任的那位人选,很快升任某市的市委书记,跻身中央候补委员……有位当领导的学长埋怨他错过这么好的机会,他笑着对学长说:"他能升上去不等于我也能升上去啊。"程泰宁从未后悔过当时的选择。

徐东平随丈夫来杭后,在杭州市院的另一个工作室上班。夫妻二人虽不在一个小单位了,但她配合程泰宁做了不少项目,工程能力特别强。有一次夫妻二人聊天,程泰宁感慨道:"杭州这个城市真是越看越有味道,连街巷地名都颇具地域文化气质。就说我们单位所在的浣纱路吧,名字读起来古韵十足。"

妻子笑道:"其实浣纱路下面都是空的,以前是一条河,你信吗?"

程泰宁很吃惊,从妻子的叙述中,他了解到杭州城的另一面。浣纱河是古代人工挖出的引水水系,与运河相连,系当时最美的城河,起着调节气候的作用,是可以缓解城市热岛效应的流水。可惜后来被填埋,成了今天的浣纱路。妻子的一番话,让程泰宁重新认识了杭州,引发他对城市改造更

深层的思考。一个偶然的机会,程泰宁看见了一份中河的综合改建的方案,"旧城改造"这几个字立马引起他的注意。

开凿于隋代的中河是客货运输的主要航道,也是护城、排水的重要设施,兼有旅游功能。后来河水水质严重恶化,沿河民居多为低矮简陋的泥木结构房屋,居住拥挤。中央、省、市三级决定合力综合治理中河,于是有了程泰宁看到的这份改建方案。

此方案是中河居中,一侧是快车道,另一侧是慢车道。看完这个方案,程泰宁不由地拧紧了眉头,觉得不妥。因为中河较窄,却很深,按这个方案去做,两边道路与水面的高差太大,从人行道看过去,中河就成了沟,看不见河了,中河的风光也会被完全遮挡。这对中河的景观,甚至对杭州的城市形象都是一个极大的破坏。

虽说这事跟他一点关系也没有,可他认为作为建筑师,就应对城市建设献计献策。既然碰到了与专业相关的事情,即使没人叫他做,他也要出一份力,否则像浣纱河被填埋一样,岂非一大憾事?他连夜拟出一份对中河的改造方案。第二天去单位,利用"职权"抽调十几个人,花了一个星期,夜以继日地完善方案,还做出一个2米多长的模型,然后把方案和模型无偿地交给市建委和规划局。

对方一看,觉得确实不错,就报送到市里。有关领导看过程泰宁的方案之后也踌躇不定,最后决定开一个内部会议,叫程泰宁现场陈述。开会时,所有的市委常委包括市委书记和市长全参加了,认真地听程泰宁介绍方案。

程泰宁侃侃而谈:"这个方案是在河的一侧修筑马路;因河水较深,在河的另一侧的岸边做一个跌落处理,以拓宽亲水视野,营造良好的景观视线。然后再盖房子。河岸的房子依水而建,从低层逐渐过渡到高层,住户可以欣赏波光粼粼的河水,错落的建筑层叠又形成丰富界面。对于中河而言,也可以达到一侧亲水、一侧亲人、人与自然双向交流的目的。"

市委领导对这个方案都欣赏有加,但考虑到中河的改造牵涉到沿河两岸的居民、单位,对于要拆的建筑,市里已经跟许多工厂还有事业单位都签了合同,不可能在这时改换方案,最后还是市委书记拍板,依旧按原方案实施。

会后,杭州市常务副市长顾维良先生有些遗憾地拍了拍程泰宁的肩膀:"好了,这次你就放弃吧,下次东河改造的时候你再好好做。"

对这件事,程泰宁很不高兴,也感到很遗憾。他觉得大家都说好的事儿为什么不能做——至少现在还没拆迁吧?他只是想为杭州做点事情。

□2. 争取到"陪练"的机会

在 1982 年前后,来杭的海外游客迅速增加,缺少高档酒店,严重影响了旅游业的发展,杭州政府开始与外商谈判合资建造旅游宾馆。第一批项目有两个,其一是与日商合资的友好饭店,最初由中日双方各出方案。日方在看过程泰宁团队的方案之后,表示愿意委托杭州市院设计。该酒店于 1986 年建成并投入使用。

另一个项目是与港商合资的黄龙饭店,定址在杭州市曙光路与杭大路交界处,拟建客房 578 间,建筑面积 4.1 万平方米,建成后将是杭州最大的旅游旅馆。

程泰宁曾去过黄龙饭店的选址现场,那里与西湖、宝石山相邻。宝石山位于西湖之北,岩石中嵌满玛瑙状晶体,在日光的映照下宝光流转,流霞缤纷,山名意出于此。此处是观赏西湖绝佳地,在山巅向下俯瞰,湖面映着山峰的倒影,甚是美丽。若从卧于宝石山脚的白堤东端的断桥望过去,更得湖山之神髓。山上多有历代名胜古迹留存,比如与西湖南端的雷峰塔隔湖相望的保俶塔,在五代十国就有了。这座八面七级的实心砖塔由灰砖砌成,无飞檐翘角,自下而上,层层递缩,造型简约,优雅细长,宛如亭亭少女伫立。由于饱经风化侵蚀,看上去充满了历史的沧桑感,明代王瀛曾有诗赞曰:"千年形胜试来登,雄镇名山几废兴。一柱擎天依斗柄,七层飞桷斗觚棱。声传下界惊风铎,影落西湖见夜灯。更上丹梯最高处,隔江烟树宋诸陵。"

究竟什么样的旅馆,才能配得上这美丽的山、湖、塔?

黄龙饭店最初由美商投资,并由美国著名建筑师韦尔纳·贝克特(R. W. Beckett)设计,当时他刚设计了北京的长城饭店,在中国名气很大,然而在黄龙饭店的设计上,由于"对中国传统歇山屋顶与西方现代高层建筑元素的拼贴使得该方案不伦不类"[1]。市里把贝克特的方案给杭州市院看,程泰宁也提了意见。后来由于投资方的改变,又邀请香港许李严建筑工程师事务所的建筑师严迅奇设计。严迅奇在国际上颇具盛名,当时刚获法国巴士底歌剧院国际竞赛一等奖,风头正劲。为了做好这个方案,严迅奇很早就来内地采风。

看过他们的方案后,程泰宁发现,严先生和贝克特的设

---

① 王大鹏:《从饭店到博物馆——中国建筑现代化的三十年跨越》,《中华读书报》,2011 年 6 月 1 日。

计水平都很高,也在努力表达中国特色的文化。然而,他们仍然保持西方建筑师的思维,都强调建筑的主体性,把建筑外形设计成了城市型旅馆的模式。他们或许考虑的是,在四万多平方米的地方,要建六百间左右的客房,最少要盖八九层才能满足要求。可程泰宁却觉得,黄龙饭店背依宝石山,离市区仅隔一条马路,处于城市和宝石山的过渡带。若把一座一百五十多米长、三十多米高的建筑横在那里,与距离很近、绝对高度只有四五十米的宝石山相比,体量过于庞大,会挡住后面的宝石山,一下子就把城市和风景完全隔开。再者说,他俩的方案都是独立的、自成体系的造型,与整个环境空间缺乏交流,显得很突兀,与周围整体环境不协调。

左:美国建筑师的设计方案外景;右:中国香港建筑师的设计方案外景

　　程泰宁觉得这两个方案都有问题,想自己来尝试一下,便毛遂自荐要求参加设计方案比选。彼时他只是名不见经传的基层设计院的室主任,自知人微言轻,故而拉上杭州市院的副院长一起去游说。接待他们的是投资方之一的市旅游局的负责人,程泰宁诚恳地道出想做这个设计的理由:"我们觉得那两个方案对周边自然环境考虑得不够,所以想试一试。"

　　那人根本看不起他们,当即回绝:"你做过酒店设计吗?

人家在五星级酒店大堂里喝咖啡的时间,可能都比你做设计的时间长。我们要请也是请境外的著名建筑师,你想进来是不可能的。"

程泰宁据理力争:"国家有一个说法,就是有些项目尽量多地让本土建筑师参加设计。"

那人立刻回道:"这是个合资项目,没必要遵守这个规定。再说了,即便要请本土设计师,我也会去找广州或者北京的设计师,反正不会找你们。"

不让做就算了,还把话说得非常难听。程泰宁觉得这是"崇洋媚外",是一种对本土设计机构非常不自信的表现。

和那人讲不通,程泰宁又去找顾维良副市长和王邦铎副市长,程泰宁对他们说:"其实我们也不是一定要抢这个项目,只是作为本土建筑师,我们对这个项目有些想法,想用方案来表达我们的意见。要不这样,方案还是让他们做,我们无偿提供比选方案,让他们参考行不行?"话虽这么说,但从内心讲,他是想把这个项目拿过来的。

那几位领导,更尊重设计本身,而不是看名气大小。顾副市长很欣赏程泰宁的才气,就劝旅游局的负责人:"你让他做一个吧,最后用谁的方案,还不是你们说了算。"

于是,在市领导的支持下,杭州市院这个本土设计团队,一开始以"陪练"的身份参与进来。当时受到不少冷嘲热讽,有人说程泰宁是刚从山沟里(指山西临汾)出来的土包子,连咖啡厅都没去过几次,竟还想着设计星级酒店。后来跟投资方以及境外建筑师去南方参观时,他们就像跟班一样,姿态被压得很低,那滋味当真不好受。但程泰宁能忍,他想得更多的是:该怎么逆袭呢?

□ 3. 突破界限的创造

在"陪练"过程中，程泰宁一直在做甲方特别是香港建筑师的工作，争取他们支持双方共同参与方案比选。香港人颇具职业精神，觉得竞争很正常，就一起做呗。通过两轮的方案交流，不知不觉间，程泰宁凭着自己的能力，从提供参考方案的"陪练"变成对手，走上平等竞赛的舞台。此际赢得比赛对程泰宁而言，已不是单纯的技术上的竞争，而是关系到本土建筑师的大事——杭州的事儿应该由杭州建筑师、内地建筑师来做，他非得争这口气不可。

扭转乾坤绝非易事。程泰宁发现，这是一个没有现成模式的设计。黄龙饭店地处西湖风景区，处理好建筑与环境的关系，无疑是设计时需要考虑的重点。但一个大中型旅馆的复杂的功能要求，在设计时也必须予以满足。何况在这场不是竞赛的竞赛中，没有创新、稍有疏忽，设计方案就可能被业主或者酒店管理集团否定。两方面交叉在一起，成为设计的主要矛盾和难题。

为了攻克设计难点，之后的一年他过得特别辛苦，将全部精力都放在这件事上，日夜不停地画图、做模型，堆积在地上的草图越来越高。一次他加班到很晚，在回家的路上，没走几步已精疲力竭，再也走不动了。看到旁边有个公厕，地上满是污水，也顾不上了，虚弱地靠在墙上，缓了很久才有力气慢慢站起来走回家。冬夜苦寒，下班时空荡的大街上不见一人；夏夜闷热，从单位出来经过路边的餐厅，里面人声鼎沸，煞是热闹，可这一切他却感到很陌生。那段日子，图纸、

模型是他的全部生活,将他与现实世界隔离开来,脱离于世界之外。

白天辛苦设计,晚上回家还休息不好。那时他住的是抗震简易房,房顶用竹子搭成,铺了一层油毡防雨,墙体极薄,室内是最低廉的三合土地面。就是这种质量非常差的房子,杭州市院也是尽了力,程泰宁一家能住进来,已是对他的照顾了。因为房距太近,隔音效果极差,晚上躺在床上,可以清晰地听到对面人家甩扑克牌的声音,令人心烦意乱,无法入睡。那家后来又养了一只鸡,鸡舍就在程家窗下,每天凌晨三四点,公鸡开始鸣叫,严重影响休息。杭州夏季天气炎热,阳光照射到简易房的屋顶,一晒就透,室内闷热难耐,如蒸笼一般,根本待不住人。有一天晚上特别热,他提议全家去看电影。哪知回来时,发现一股股的浓烟从自家窗户往外飘。原来锅上还炖着汤,临走忘了灭火。如果再晚一点回来,竹制的房子肯定失火,那就犯了过失危害公共安全罪,等着进监狱吧,还谈什么设计,谈什么竞赛啊!程泰宁不禁一阵阵的后怕。在这样的环境里,他一住就是三年,期间正赶上设计黄龙饭店。

虽然条件艰苦,面对挑战的他却更显激情,整个人处于一种亢奋状态,年少时那股子不服输的劲头又上来了——你不就相信境外的建筑师吗?你不是说我不行吗?你越说我不行,我越要争口气给你看!他也确实有这个底气,多年来他从未停止研读西方建筑资料,对国外的建筑情况颇为了解,更有过参加国际设计竞赛的经历,虽然落了选,但实力毕竟摆在那儿,所以他根本不怵。

为了打赢这场硬仗,在院长叶湘菡的支持下,他组建了一个小团队,队员除胡岩良等人外,还请了一位浙江大学旅游专业的年轻老师蒋丁新做顾问。大家团结协作、全力以赴，从几十个方案中挑出三个方案参加评选。其中不乏一些好的想法，在建筑与环境结合方面也做了不少努力，但问题亦很明显，就是与整个环境空间仍缺乏交流，没有特点。所以在第一轮竞赛中并无优势，甲方没有在他的方案中发现亮点，自然没把他当回事儿。

程泰宁挺郁闷，有一点他很清楚，如果跟香港建筑师的方案相近，甲方肯定不会用自己的，所以必须做得不一样。何谓不一样？就是要有自己的想法。可是突破和创新谈何容易！

谙熟传统画论、诗论的他，犹记宋代画家、绘画理论家郭熙在《林泉高致》中写的一条构图的画诀："凡经营下笔，必合天地。何谓天地？谓如一尺半幅之上，上留天之位，下留地之位。"元代山水画家饶自然在《综会十二忌》的第一忌就是忌"布置迫塞"。这些理论都在说明一个道理，即画面应有留白，方得气脉畅通。所谓"留白"，是指在艺术作品中有意留下的相应空白。西方油画大多填充得满满的，不留一丝空白，写实性强；中国画不是刻板地描摹实际，留白之处以虚为实，更好地表现出画面的空间感。留白空间并不一定是白色的，而是一种不含任何设计元素的背景。

在这种美学思想的指引下，程泰宁开始思考：其实建筑的"空"与绘画中的"白"异曲同工。如果建筑是充，那么院落、景致则为空，唯有空充相间、虚实相生，才会生发建筑溢于形象之外的活泼律动。如何在方案上实现这种理想？既让城市跟自然环境交融，还要兼顾功能。对手非常强，不仅熟悉现代化酒店管理模式，而且有投资过中国首家合资酒店的香港新世界集团帮助管理。程泰宁必须承认，他的团队在

酒店管理这方面与对手差距很大，根本没有这方面的专业人才，即使找了浙江大学旅游专业的老师跟他们一起做，在实际应用上肯定不如香港建筑师。如果使用功能有一点点不合适，哪怕外形设计得再好，也会被否掉，所以在协调建筑与环境的关系的同时，还要实现旅馆的现代化。

他陷入苦思当中，时而浮想联翩、神与物游，时而神情恍惚、如梦似幻，有时似触摸到什么，下一刻那点灵光又毫不犹豫地轻轻滑走。各种思想在心中沉淀、融合，他也源源不断地产生新的想法，草图越积越厚。直到一天早上，他独自在设计室摆着体块①，脑子里突然闪现一丝灵光，灵感喷薄而出，他马上把想法在纸上画下来，接着拿聚苯块的模型一摆，只一眼，就知道这正是自己想要的，还给它起了个名字叫"单元成组分散庭院式布局"。他很高兴，马上把团队的人都叫下来说："就它了。"他们一看，也觉得这个方案很好。

新创意好在哪里呢？好在将一座有着 580 间客房的建筑物，分解成 3 组 6 个单元。这种分散的结果是在建筑之间留下许多空白，恰如中国画的留白一样，使建筑群之间的空间完全向宝石山敞开，自然景色被巧妙地引入建筑群中，与建筑成为一体。在杭大路上，人们能透过黄龙饭店建筑之间的空隙，看见背后的宝石山，视线不会被阻隔。这种设计手法实中有虚，打破了板式建筑的呆板，消解了单一巨大体量建筑带来的密集堵塞之感，化闭塞为空灵，山景亦被引进，建筑、山光、云影、树色，犹如一幅幅不断变化的山水画，景致异

---

① 体块，将建筑的形体简化抽象成一个个形体块，通常用聚苯泡沫塑料块，用来切割成建筑模型实体部分，用于方案构思阶段，直观地表现设计者的设计意图。

常优美。建筑之实与留白之虚相互配合，生出气韵，令全局充满悠然淡远的清逸之气。

"单元成组分散式布局"的设计手法堪为首创，前无先例，后来给中国建筑设计，特别是给小块用地做大体量建筑提供了新思路。

能获此灵感，决非偶得，是程泰宁长期浸润于传统文化、潜心中国美学的结果。此"白"出自他的苦心经营，是实践中经过千锤百炼、"寻他千百度"，最终"蓦然回首"，才"在灯火阑珊处"豁然开朗，发现"那人"的。

4.巧计取黄龙

定下创意，程泰宁又马不停蹄地细化方案，三组六单元布局这种大规模的建筑群如何分散，前无先例。受中国画构图启发，结合管理要求，他把三组塔楼散开成"品"字形布置，自然围合出庭园，在建筑与宝石山之间形成多层次的空间缓冲。塔楼两两对望，互为景致，被压缩体量的塔楼隐藏于环境中，好像山间散落的棋子一般。建筑群之间的空间通透，与宝石山互为借景，"极目山光数点青"，人与自然在此悠然相会，与自然亲而不"隔"。室内以大玻璃相隔，形成透明的带形景窗，甫一进入大堂，旅客就看到一幅生动的江南园林景色。无论从大堂走向客房、餐厅抑或商场，均要通过封闭式透明观景走廊，可谓"步移景异"，诗情画意袭来的瞬间，让人感受到建筑的魅力。

程泰宁尝试在建筑的某些节点，设置不受功能限制的空白空间，让它承担一种文化意象并起到抒发心灵情感的作

用,以减轻建筑带给人的压力。尽管用地紧张,他仍设计了宽大的室内走廊,看似浪费空间,却灵动了建筑的空间结构,是另一种意义上的留白。这个巧妙的"留白"设计,承载着提升建筑品质的文化内涵的作用。走廊墙壁缀以书画,如画廊一般,令人身心愉悦。通过以这个灰空间为媒介的走廊,对室内外环境进行缓冲,形成从内到外的层次丰富的转换。

　　无论是建筑群还是内室抑或是庭园,都可看到程泰宁对画中留白技法的娴熟应用。这种留白不是空白,看似无心,却是他"别有用心",方令建筑不拥堵,彰雅致,气韵生动,建筑的境界也由此提升。行走其间,人在景中,如"我见青山多妩媚,料青山见我应如是"般地融入山水,在建筑师所构筑的"悠然见南山"的悠远空灵世界里自我感悟、自行生发。

黄龙饭店(左上图为程泰宁的构思草图)

　　至此,程泰宁团队的成员个个摩拳擦掌、跃跃欲试,充满信心地等待着第二轮比选,不过很快就被泼了一头冷水。

　　沉思片刻,程泰宁郑重地对大家说:"这套方案暂时还得保密,不能透露出去。"

"为什么啊? 这个方案拿出来,肯定能胜出的!"有人不解地问。

程泰宁耐心地给大家解释:"这轮后面还有一轮呢,目前咱们不能透底。"

第二轮在广州比选时,程泰宁用其他方案应付了一下。第三轮是在杭州,这次甲方的老板和杭州市院的相关人员悉数到场。香港建筑师拿出的仍是旧方案,程泰宁这边的却完全变了。当他汇报新方案时,在场众人都愣住了:这个方案在前两轮怎么从未出现过?

到了方案讨论环节,双方互提意见。甲方代表对程泰宁说:"你的方案建筑很有特点,不过这个方案如果摆在海边更好,摆在这个地方不行。"

又有一人阴阳怪气道:"这个设计中的留白体现出的文化、艺术价值,要远大于其功能价值,你们不能只讲好看。"

程泰宁微笑道:"'好看'或者说美观,属于精神功能范畴。国内外的实践已经证明:一个有特色、能在精神上给予人以特殊感受的旅馆往往更能吸引旅客。我们发现,与杭州沿西湖的一些对外旅馆相比较,黄龙饭店的位置并不理想。如果我们在设计上注意精神功能方面的要求,能有一些其他旅馆所没有的特色,使之在招徕客人、提高出租率和经济效益方面起到一点作用,不也很重要吗?"

对方哑口无言。此时甲方根本不谈香港建筑师的方案,就连香港同行也把自己的方案给忘了,大家都为这个方案的特殊之处所吸引,不住提问题。其实他们心里有数,这事不好办了,此方案实在精彩,忽视它已不可能。一看这个局面,程泰宁就知道有戏,所以当时并未太多地反驳他们,也没去

解释，只将创作理念表达清楚。会议结束后，他胸有成竹地对同事说："有戏。"

同事露出困惑的表情："你怎么肯定就有戏呢？"

程泰宁解释说："讨论方案时，谁都愿意多讲讲自己想用的方案，可你看他们，几乎没提几句香港建筑师的设计，都把眼球集中到咱们的方案上了，所以我觉得有戏。"

"那你为什么不回答他们后来的那些提问？"

程泰宁狡黠地笑道："《易经》里有句话叫'潜龙在渊'，说君子应待时而动。这次还不是最后决定性的战役，咱们不能把底牌全亮给对方。"

1984年7月21日在北京由国家旅游总局组织最终评审，将定下最终设计方案。上面对这次比选非常重视，邀请了几乎所有在京的建筑专家。他们都是程泰宁老师辈的专家学者，比如人民大会堂的工程负责人张镈先生，中国美术馆、北京饭店的设计者戴念慈先生，天安门观礼台、钓鱼台国宾馆的设计者张开济先生，还有很多建筑界顶尖专家都来了。

上午双方介绍方案，似乎大家很关注程泰宁的方案。甲方有点紧张，赶紧催香港管理集团过来增援。飞机中午刚到北京，这些人就被从机场直接拉到开会的华侨饭店，顾不上喘口气，连珠炮般地向程泰宁提问，批评这个方案在功能上的种种"硬伤"："你这种分散设计，会增加结构和施工的复杂性，影响工程造价，这点你考虑过吗？"

意识到能否解决好功能问题是此方案得到业主同意的关键，程泰宁耐心地解释："我们认真考虑了使用功能方面的要求。表面上看一栋栋楼房是分开的，实际上这些房子设在格网上，用格网的方式来规范施工跟结构，使之标准化，便于施工。"

"客房分组,会增加能耗,造成管理不便,你怎么解决?"有人又抛出另一个问题。

"其实客房分组的话,便于分区管理,也有利于接待不同标准的旅客,在出租率较低时分幢开放,能节约能源、人力。当旅馆的陈设、设备定期维修更新时,客房分幢关闭,可大大减少对营业的影响。另外,客房分组便于分别建设。根据杭州大学做的经济分析,如果先建东面一组客房,提前 6 个月开业,营业收入可达 100 万美元。经济效益非常明显……"

他们不死心,接着说:"你这个方案,旅客进入酒店以后,到客房的行走距离太长,客户体验不好。"

张镈老先生此时站了出来。上午北京市政府刚为他举办了从业 50 周年庆典,市长出面为他庆祝,下午他就赶过来参加对方案的讨论。说起旅馆设计,他在国内绝对是权威,北京在 20 世纪五六十年代的旅馆很多都是他设计的。面对香港酒店管理集团的质问,张老用数据说话:"你们仔细看过这个图没有?尺寸都标在上面。这个方案从办手续到走入电梯间是 80 米,比你们那个方案还短,而且这个 80 米所经过的地方是美丽的庭园,给人的感觉非常好。你那个 80 多米走进去,穿过的却是封闭的走廊,完全不可相提并论嘛。"

张老又用了很多量化的数据来说明这个方案在经济上和技术上的合理性,以无可辩驳的事实让对方无言以对。接下来开始投票,这次一边倒地都投了程泰宁的方案。最终国家旅游局拍板:就用这个方案了!

经过整整一年没日没夜的奋力拼搏,冲破重重阻力,程泰宁终于逆袭!

□5. **庆功会再起波折**

程泰宁虽拿到了项目,市旅游局认为杭州市院没有经验,依然不想让他们设计。程泰宁需要协调包括内地、香港投资方以及香港设计团队在内的多方的利益需求,对此他采取分别对待、逐个说服的方式。

对香港设计团队,程泰宁用了一点策略,觉得要谈妥合同,最重要的是让利给对方。这个项目香港设计公司已和业主签了合同,杭州市院只能分包建筑和结构设计,室内设计分给香港设计团队。如果按通常的分配方式,杭州市院应拿70%,香港设计团队拿30%,但程泰宁却把这个比例给反过来了,让了很大的利给他们。表面上有点吃亏,其实如果跟其他项目比,杭州市院还是赚的。

觉得大局已定,大家都想庆贺一下。程泰宁突然想起在杭州时,有一天在公交车上听到有人说"烤鸭",当时他因为身体太累了,差点没吐出来。如今尘埃落定,他晚上请大家痛痛快快地吃了一顿北京烤鸭。众人都很开心,认为只要相关部门配合把项目做完就行了。

到了签订设计分包合同的时候,程泰宁想借机扩大一下杭州市院的影响力,遂将包括主管城建的副市长、建委、规划局领导在内的一百多人,请到华侨饭店参加签字仪式。当天下午5点多他提前来到饭店,想看看有无遗漏。一进门就碰到顾维良副市长,程泰宁有些吃惊,因为距离签字仪式开始还有一个多小时,于是问道:"咦,顾市长,6点半才开始仪式,您怎么这么早就来了?"

看到程泰宁，顾副市长也愣了一下，支支吾吾道："好像他们叫我开会呀。"

程泰宁突然有了一种不好的预感，他快步来到签字现场，发现已准备就绪，在大厅他越想越觉得不对劲，马上转身来到5楼的会议室。不料一推门，他整个人都蒙了，只见内地、香港方的股东都在，屋里大概有二三十人。他们看见程泰宁进来也傻了眼，心想没通知他开会，他怎么来了？这时内地的旅游委负责人开口了："你过来也好，正好告诉你一声，我们已经商量好了，你把方案卖给我们吧。"意思就是用钱买断这个方案，之后香港建筑师怎么改，都不关程泰宁的事儿。

程泰宁根本没有思想准备，一愣之后，瞬间火就上来了，心想做项目期间，他们一直对自己有看法，觉得本土建筑师不行，经过这么长时间的比选，终审方案都定了，这种想法还没变，又来这一套！当时他确实很气愤，但也提醒自己：千万不能生气，一生气就难以理性，这事儿也说不清了，反正坚决不卖方案。于是据理力争，舌战众股东，跟他们展开激烈的争论。顾副市长坐在那儿也不好表态，心里挺郁闷的。经过近一个小时的唇枪舌剑，双方始终未达成共识。此时已是晚上6点半，程泰宁对他们说："都这个点了，下面还请了100多人参加签字仪式，虽然没谈成，字就不签了，但饭总要吃的，咱们先下去吃饭吧。"

于是大家下楼吃饭。那天所有文件都准备好了，来了一百多位嘉宾，全是程泰宁亲自发出的邀请，签字仪式却没办成，程泰宁觉得很扫兴，也很没面子。

吃饭的时候，程泰宁和市领导以及业主方在一桌，因为之前的争论，大家都不高兴，有人调侃说："今天好像阴天。"

程泰宁突然高声说:"放心吧,会阴转多云、多云转晴的。"

既然旅游委的工作做不通,领导也为难,后来他采取迂回的策略,先说服了香港建筑师,由他们出面做香港和内地股东的工作,最后双方悄无声息地把设计合同签了,终于做成了这个项目。

□6. 令人折服的工匠精神

做黄龙饭店的施工图时,程泰宁把孜孜追求完美的工匠精神,渗透到设计的所有细节,每个过程都几近严苛。在塔楼屋顶琉璃瓦的颜色挑选上,他颇费了一番心思,觉得如果选黄琉璃瓦,既贵气又中国,可跟幽静的自然环境不衬;用黑瓦呢? 又显得太重、太压抑,所以传统的元素也不能随便搬用。他想找到一种既适合现代人的审美观念,又跟中国传统文化离得不远的颜色,觉得做出来会更好。期待屋顶颜色与背景宝石山的山色相谐,令他不由想起一句宋诗:"山色蓝初染,湖光镜始磨。"李叔同也曾在《山色》中提及:"近观山色苍然青,其色如蓝,远观山色郁然翠,如蓝成靛……"说的都是山之色为蓝。如果把琉璃瓦设为蓝色,既可融入山色,又有收缩感,实在再合适不过。

但蓝的种类如此繁多,该用哪种呢? 程泰宁想要的蓝色要有点现代感,并非很"闷",不用特别含蓄,要有点彩度。看过好多罐子后,他终于找到了想要的颜色。从单体看,这个颜色似乎有点浅,还有点俗,但程泰宁觉得如果按这个颜色去做,肯定能烧出不一样的东西。于是他拿着那个罐子,找到宜兴陶瓷厂,希望他们把琉璃瓦烧成这种颜色。他们一看就说:"好像还没有拿这个颜色来做琉璃瓦的。"

程泰宁说:"这个你不用管,先烧个样品给我看看。"

样品烧出来以后,他又做了一些微调,定下色调。这种蓝自带一种独特的气质,程泰宁一看就很喜欢,觉得正是想要的蓝,既不特别传统,也不过于鲜艳,而是一种现代灰调子的漂亮颜色,优雅活跃,沉稳中正。琉璃瓦铺设到建筑上后,效果非常好。由于之前从未烧制过这种蓝,宜兴那边将之称为"黄龙蓝"。2007年黄龙饭店改扩建时,需要更换新的琉璃瓦,不过由于土壤材料发生变化,工艺也未进步,"黄龙蓝"再也烧不出来了。后来烧成的颜色介于"黄龙蓝"和孔雀蓝之间,色彩比较重,和"黄龙蓝"相比不够轻盈,但即使是这个蓝,也是过去传统所没有的。

程泰宁对认准的事情要求很高,一定要做到他想要的效果,为此甲方感触颇深:

> 工程的所有用材和细节程大师都要亲自过目把关,我们一打电话他就会过来。一大把年纪了还爬到脚手架上去看外墙饰面砖,还亲自陪我们去日本选材料。记得那个时候一起到日本去选面砖,程大师要趴在地上看,要在阳光下看、在仪器上看,折腾了好久。日本那家材料商的老板对程大师说了这么一句话:"您是我们碰到这么折腾的第二个人。第一个人是30年前的矶崎新。"[①]

过程虽痛苦,效果却很好。灰白外墙衬托黄龙蓝的琉璃

---

① 袁佳麟、周少聪:《甲方眼中的程泰宁》,《城市环境设计》,2011年第4期。

瓦屋顶,色彩清新,淡雅脱俗,与山清水秀的杭州相得益彰。塔楼的细部也特别考究。程泰宁将传统民居的建筑元素经过提炼,以现代的艺术表达方式融入设计中,赋予这些建筑符号以新的创意,得到现代人的认同,也提升了人们对本土文化的归属感。

1988年4月,历时五年的精心打造,黄龙饭店终于向世人揭开了她神秘的面纱。建成后的黄龙饭店是杭州市第一家四星级酒店,不仅与优美的自然环境相辅相成,且为黄龙洞风景区增添一道美丽新景。

华灯初上,黄龙饭店餐厅的巨大落地窗中透出灯光,照亮了里面的客人。他们或捧酒发呆,或吃喝谈笑,或回首观望,每扇窗内都是一个故事,场面不知不觉有一种戏剧性的味道,如电影底片一样次第铺陈开去,像极了一幅不断展开的夜宴长卷,美不胜收。设计师的巧妙构思把酒店的世俗生活高雅化,将其上升到精神与审美的高度,令人叹为观止。

通过文化的力量引发居者的共鸣,这正是程泰宁所重视的无形形态。他的诸多构想,不见得都能被人理解,因为很多人看黄龙饭店大多是视觉印象,如"琉璃瓦和面砖颜色不错""屋顶有中国特色"等。有形的不是说不重要,但他还是期待最好能营造出诗意的审美意境,故而在设计之初特地请赵朴初先生在入口处题写了"悠然见南山",就是想把黄龙饭店的设计"主题"点出来,这也是他在设计之初就考虑的核心。

黄龙饭店一俟建成,便以脱俗的优雅格调和独特的建筑群景观形成极具吸引力的旅游环境,成为杭州的一个地标,承担起接待国内外宾客的重要职责。它也被视为一种生活方式,"来到黄龙饭店,也是件自豪的事。"现在成名的浙商,很多人都对黄龙饭店有特殊的记忆,因为他们很多社交活动就在黄龙饭店,"马云还在这里有过办公室"。① 经过数十年的口碑积累,它已成为老杭州人心目中上档次的杭州"老底子"②饭店,如同上海的锦江饭店和北京的王府井。

随着经济的快速发展和旅游客流量的增加,黄龙饭店的客房数量供不应求,在潜在利益的引诱下,曾一度面临被拆除的危机。后来《钱江晚报》《南方周末》等媒体刊登了这个消息,方案遭到公众的反对,终于没拆。在黄龙饭店后面原本留有一块空地,于是又打算利用这块空地扩建酒店。一开始他们找程泰宁来做扩建设计,程泰宁觉得在有限的范围内盖五万平方米效果肯定不好,就拒绝参与设计也不参加评标。后来一家美国公司中标,设计师是一个美籍韩裔,他非常尊重程泰宁,设计之初就来请教,程泰宁让他放手设计,只在细节上提了点意见。

建筑专业的学子每每来到黄龙饭店,都不禁发出惊叹:在20世纪80年代初,中国竟有如此独特的设计布局。程泰宁也因此收获一大票学生粉丝。

起初,程泰宁设计的黄龙饭店获得的奖级并不高,在1991年只拿了全国建筑优秀设计铜奖。然而,建筑的本质是超越时间与潮流的,经典的建筑在岁月变迁里愈发沉淀出不凡的价值,人们慢慢地体会到它的好,黄龙饭店亦即如此。1992年,黄龙饭店获得中国建筑学会建筑创作奖;1999年在国际建筑师协会(UIA)第20届大会——当代中国建筑艺术

① 《杜宏新:杭州黄龙饭店是一个作品》,《杭州日报》,2013年11月27日。

② "老底子"是杭州话,意思是"过去、原来",往往是在忆旧时说的。

展中，获建筑艺术创作成就奖，成为新中国成立 50 周年之际被选出的 50 个优秀建筑作品之一；2004 年入选"中华建筑百年经典"；2009 年获新中国成立 60 周年建筑创作大奖；2017 年入选第二批中国 20 世纪建筑遗产名录。未来，它也将以超越建筑形式的精神力量感动更多的人。

黄龙饭店使程泰宁一举成名，奠定了他在中国现代建筑界的大师地位，也预示着其设计事业的黄金时代正在到来。

第六章　井喷式的创作

☐ 1. 新的挑战

　　为了更好地完成设计工作,在程泰宁的推荐下,杭州市院从外地调入了很多优秀的设计骨干。谁知部分老员工与新调入的员工之间产生了矛盾,遂有了将设计院一分为二的呼声。当时有流言传出,说矛盾是由程泰宁带来的,给他造成很大的困扰。最终,原来的杭州市院还是被拆分。程泰宁也清楚地看到,如果单位继续这么乱下去的话,他个人想做好设计的愿望也会落空。尽管不愿当官,之前也婉拒了建委主任之职,现在为了能有一个良好的设计环境,兼之考虑到要对整个院的同志负责,他最终还是决定承担起院长的职责。市领导一开始并不同意,但渐渐地了解到程泰宁不是为了追名逐利,就是想做点实事,遂于1984年任命他为杭州市建筑设计研究院的院长。

　　履新之初,程泰宁遭遇了前所未有的挑战和困难。他到杭州不过三年,没有任何背景,分院后的职工多是外地人,没有本地的人脉关系,导致院里没有任务来源,相当被动。很多人认为杭州市院的前途黯淡,令人忧虑,程泰宁却偏偏不

服气:既然在杭州找不到项目,那就去上海、去海南、甚至去国外找项目做!为此制定了"让开大路,占领两厢"的策略。他还提出一个口号:"立足杭州,面向全国,创造条件打入国际市场,争取在短期内成为国内一流设计院。"要知杭州市院只是一个地方小院,当时在建筑界也没什么名气,这句口号看似有些不切实际。程泰宁却特别认同一句话:"取法乎上,仅得其中;取法乎中,仅得其下",他觉得唯有立高志,方能成大事。同时他和原来担任杭州市院副院长的姚建华,以及陈忠麟、叶湘菡等人,组成了一个团结的领导班子,使开始时十分困难的局面迅速稳定、逐步发展起来。

1985年9月他去上海出差,偶然在报纸上看到一则消息:我国领导人与加纳总统签订了一个协议,将援助他们做一座国家剧院,现面向全国设计招标。程泰宁觉得这是一个好机会,立刻发加急电报给有关领导要求参加招标,又赶在最后一天递交材料。1986年1月,杭州市院如愿中标,承担该项目的设计工作。

经济虽不甚发达,由于长期受到英国殖民的影响,加纳的许多公共建筑都是欧洲建筑师设计的,加纳本土的建筑师也大都有过留学西欧或苏联的经历,作品不多但眼光颇高,在国家剧院设计初期,他们曾多次提出要求参与设计,如果杭州市院的设计方案得不到加方的认可,中国建筑师将会面临被质疑实力的尴尬境遇。

对程泰宁而言,方案虽中标,但不了解具体环境和规划要求,手头上有关加纳的资料又极少,是以根据经验,按剧场的一般概念,设计了一个模式化的方案,自己也不是很满意。可再纠结也没办法,因为方案已中标,不能改了。

本以为回天乏术,谁知忽然间峰回路转,事情竟出现转机。原来加纳国家剧院的选址改变，要求重做方案，这给了程泰宁又一次的创作机会，令他大喜过望，颇有如释重负之感。他派了一个七八个人组成的设计考察团前往加纳，调查加纳国情和文化并了解建筑基地周围的设计条件。

这期间程泰宁也尝试着修改方案，可方案改来改去，仍未摆脱以前的设计模式。加之对加纳的极其有限的了解，也导致设计的方案单薄，总觉得少了点儿什么，换言之就是尚未找到设计创新的突破口。

苦思数日，他从中国传统画论中得到了启发：

　　画忌熟，而"熟中求生"则成为作画的一种追求和标准。绘画如此，建筑创作也是如此。

找到了问题的症结，困难也迎刃而解，关键就是要"始终保持对外界刺激的敏感；其次要有一个不满足的创作态度，在不失去自己的前提下，敢于否定自己、努力超越自己"。思量至此，他心中顿时豁然开朗。恰逢此时，去加纳考察的同事们回来了，大家聚在一起热烈交谈。

"快说说，你们去加纳这半年，有什么感受？"有人急切地问道。

"这个国家跟咱们之前想的可不一样，那里地处赤道，因盛产黄金，在殖民时代被称为黄金海岸。境内多平原，气候湿润，风景秀丽，有阳光沙滩，有美丽的棕榈树……"

"国家剧院选址定在了哪儿呀？"

"定在了首都阿克拉的市中心。那里还要建一些重要的公共建筑和高层办公楼，根据他们的规划，加纳国家剧院要作为这个建筑群的主要建筑。"

"加纳给你们印象最深的是什么？"

"他们的雕塑非常有特点，加纳人还特别爱跳舞，他们的文化部官员陪我们观看舞蹈时，一个女副部长就跳到台上和演员一起跳起舞来。"

说着，考察团的队员们从行李中取出几个鼓囊囊的大袋子，里面装着在加纳拍摄的照片。大家围了过来，边看照片边发出惊叹。

看到同事们在加纳拍摄的雕刻、壁画等照片，程泰宁很是震撼。从同事们的讲述中他了解到，加纳人民对生活充满激情，大小事物都要精雕细琢，雕刻的形象具有夸张变形的抽象性，流露着一种原始朴拙的生命之美。加纳大地充满着歌声和舞蹈，节奏强烈，极有感染力。发现加纳艺术具有非常神秘、浪漫、夸张、抽象、有力度的特点，程泰宁进而想到之前那个四平八稳的设计方案，与加纳的气质和艺术特征是何等的不匹配！若在加纳设计一座国家剧院，定要与南部非洲的艺术风格相结合。

剧院的新选址是一处三角形场地，用地仅 1.55 万平方米，这对建筑物的形态构成来说，是一个严苛的约束条件，程泰宁却决定在这个特殊形状的地块上，寻找一种独特的建筑语言，去完成一次有意思的设计实践。

□2．境外工程获殊荣

因为"文革"，程泰宁的创新热情被长期压抑，即使到了1985 年，在设计上的条条框框还是很多。好在加纳国家剧院是援外项目，只要受援国能接受就可以，程泰宁准备在这个项目上开始自己的独立实践。

捕捉并表达加纳文化的无形神韵,成了他的主要追求。他将加纳人对雕塑和舞蹈的热爱,运用到整个建筑造型和空间处理上。方案构思的过程,是他用儿子玩的橡皮泥随意地捏出多种形象。"当一个升腾的、富有张力而又略带野性的形象在眼前闪现时",他立刻意识到这正是自己所追求的。经过反复推敲,数易其稿,形成了第二方案。

在这个方案中,三个简单的方形体块经过旋转、弯曲、切割,被组合成一个充满活力的艺术形象,剧场、展厅、排演厅及露天剧场分置其间,以庭院相互连接,充分利用了场地。在程泰宁的奇妙构思下,三角形的场地不仅塑造了建筑物的形式,还使它如此迷人。整座国家剧院犹如一座立体雕塑,既体现了时代的活力与魅力,又有一种原始与神秘的力量。楼顶屋面采用三向双曲顶棚,从空中俯瞰,剧院仿佛巨大的飞鸟,舒展着三只美丽的翅膀,正欲腾空而起;在地面上平视,独特的抽象造型赋予它丰富多变的艺术情趣和形态的不可预测性。

为解决现代化剧院的功能问题,他分别与中国建筑科学研究院物理所、天津舞台研究所合作,后来收到飞利浦公司声学专家很好的评价。

该方案不负众望,在国内审查时得到各个方面的好评并获一致推荐,在加纳审查时也获得了相当高的评价,在方案比较时,很快得以通过并被确定为实施方案。

1989年,加纳国家剧院开工兴建。由于当时没有现在的软件,建筑的曲面就是程泰宁用橡皮泥手工加上草图一点点修出来的。

不久,一座由三个巨大的白色立方体切割组合而成的建

筑,宁静地耸立于加纳首都阿克拉(Accra)的市中心,在单调的建筑群背景下显得格外突出,犹如置身于露天之下的巨型室外现代雕塑,"奔放而有力度、精致而又不失浪漫",令人联想到加纳的雕塑、舞蹈、鼓点、壁画,它们之间有着文化的一致性,都有加纳的民族精神贯穿其中。

加纳国家剧院

自 1992 年底竣工并投入使用,加纳国家剧院就成为阿克拉的艺术圣殿,在此上演过几千场演出。2014 年 9 月 11日,由加纳旅游文化部主办的该国首届戏剧节正在国家剧院上演。一场精彩的音乐会后,观众意犹未尽,在银行工作的菲利克斯和他的妻子亚历山德拉对记者说:"这儿的音响效果真不错! 我平时一般在酒吧和街头听音乐,这是第一次来国家剧院,这儿有一种严肃高贵的氛围,我喜欢这儿。"演唱者科卓也是第一次在国家剧院登场:"以前的场地和设备都比这里简陋多了。作为一个歌手,我觉得在加纳找不到比这儿更能证明演唱实力的地方了。效果好,观众也很热情。"用剧院代理执行总监艾米·弗林彭女士的话说,加纳国家剧院是中国政府送来的一个"非常精美的礼物",她在这座现代化剧院里工作,感到十分荣幸。"12 年里,这里上演了几千场演出,有欧美的音乐家,也有中国客人,我们从来没有听到过关于剧院的不满和抱怨。"加纳旅游文化部副部长奇法·格玛希向记者表示,加纳国家剧院是展示这个国家高雅艺术的最佳场所,也是加纳和中国历久弥新传统友谊的有力见证。①

作为阿克拉的市标,加纳国家剧院大大增添了市中心的活力和凝聚力,人们在剧院旁边漫步、游览、休闲、约会,小孩子在戏耍,青少年在玩滑板、溜旱冰,气氛欢乐祥和。剧院带给加纳人民的不仅仅是一座极富特色的建筑,更是一种触动内心的感动,其动感的造型激发人们回忆起雕塑、舞蹈、有力的鼓点,使他们有一种似曾相识的亲切感,故而流连忘返。时任加纳总统罗林斯在参观后欣喜地评价说:"要重新估计中国建筑师的水平。"

前加纳文化部部长在给程泰宁的来信中说:"加纳剧院已经成为首都的城市标志。"后来加纳又将他们的最大面值的货币——两万塞地(cedi)印上了加纳国家剧院的图案。

这座令人过目不忘的现代主义风格建筑,受到世界各地的建筑师的广泛赞誉,入选了国际建筑师协会编制的《20世纪世界建筑精品选》(*20th-Century World Architecture*)②,美国库特曼(U. Kultermann)教授称赞该建筑是"用中国建筑师的语言丰富了非洲当代建筑"。有趣的是,当时国内建筑界尚不知这个评选,故而美国学者寻找加纳国家剧院的设计者时,竟然兜了很大一圈才找到程泰宁。这个作品在国内也屡获殊荣,先后获得中国建筑学会建筑创作奖、新中国成立60周年建筑创作大奖。

---

① 林晓蔚:《加纳·国家大剧院——中国团队打造的艺术殿堂》,《国际先驱导报》,2014年9月30日。

② 该选集选出了全球百年千件优秀作品,在国内外影响广泛。

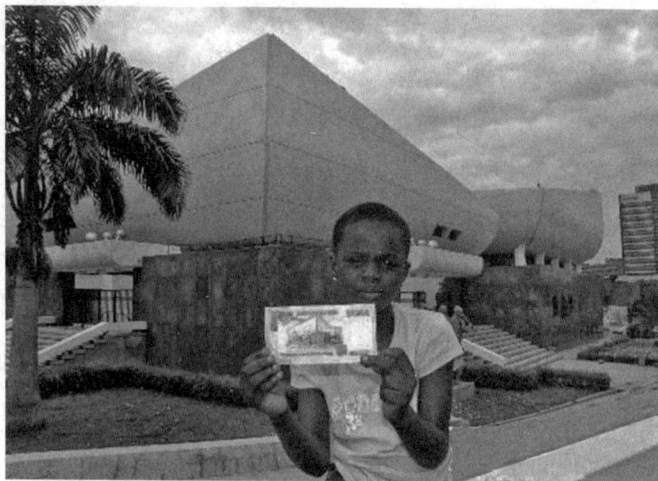

加纳国家剧院成为加纳纸币图案,当地女孩手持该纸币在加纳国家剧院前留影(新华社记者王宏达摄)

担任院长以后,程泰宁率领杭州市院设计团队在 2 个国家承接了 4 个援外项目,在全国 8 个省市承接了当地的重要工程。杭州市院也在 1986 年被建设部列为全国全面质量管理 8 个试点单位之一,1988 年在华东地区第一个通过全面质量管理验收。同年,香港《建筑》杂志曾以《在改革开放中腾飞——杭州市建筑设计院专题调查》为题,专刊报道了杭州市院在改革开放中取得的业绩。杭州市院渐渐在业界内打出名气,实现了程泰宁提出的"立足杭州,面向全国,创造条件打入国际市场,争取在短期内成为国内一流设计院"的心愿。

马里共和国会议大厦也是值得一提的项目。1989 年杭州市院中标后承担项目设计。程泰宁觉得,到国外做设计一定要尊重当地国情、当地文化,同时把中国建筑师的风范带出来。他将地域文化和主观的个人色彩同时融入建筑创作中,建成的作品在当地赢得广泛赞叹。多年以后,马里会议大厦重新装修,马里方面想把建筑师的照片挂在大厦里,由于沟通渠道不畅,颇费了一番周折才辗转联系到程泰宁,完成了心愿。

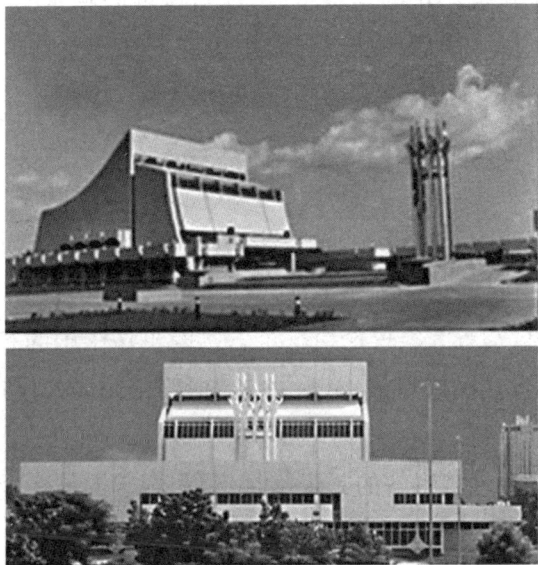

马里共和国会议大厦

这座有着自由舒展、无明确轴线造型的建筑深受非洲人民的喜爱,不仅在国内获得新中国成立 60 周年建筑创作大奖,同加纳国家剧院一样,也被选入国际建协主编的《20 世纪世界建筑精品选》。《中国建设报》还专门在头版刊登了一条消息,说"程泰宁连中两元"。文中评价程泰宁用中国建筑语言诠释了剧院建筑,丰富了非洲当代建筑,具有创造力。

3．中国建筑理论的困境

20 世纪 50 年代初,苏联的经验"民族形式,社会主义内容"被传入中国,很快成为建筑界的指导理论。这个口号起

初是斯大林作为苏联文化方向提出的,后被套到建筑头上,并且成了建筑创作的金科玉律,却造成苏联建筑的大倒退。这口号引进中国后,立竿见影,也给我们的建筑造成了很大的损失……①然而,在其后的二三十年里,这个理论依然影响我国建筑师的创作和建筑的发展,大家在设计时,时刻都会想着这个理论。

当年程泰宁在设计国家歌剧院时,想突破传统设计模式的束缚,尝试设计一个非常现代的建筑。可在"十大建筑"模型展览时,却听大家议论说这个歌剧院不像中国的东西。当时只要是与"民族形式,社会主义内容"相偏离的设计,均被视为离经叛道。

在那种动辄得咎的紧张气氛下,程泰宁的创作个性受到很大的制约。然而,在程泰宁的一生中,从未妥协过,可以说叛逆就是他的人格的底色主调。武侠小说所蕴含的反抗与叛逆精神对他产生了很大的影响。武侠小说中的英雄,往往凭着一股气,锄强扶弱、为国为民,以天下为己任。这股气是侠气、正气、义气、浩气,与程泰宁性格中的傲气、志气、骨气相融、碰撞,自然而然地氤氲出一种强大的力量,最终汇集成三个字"不服气"。这种不服气的叛逆心理,从深层次来讲,是想变得比别人更好的渴望,不仅带来了竞争意识,也是程泰宁不断前进和事业发展的动力:大学成绩不佳,他挥汗如雨苦练画技也要追上同窗,且成为班级唯一一名优秀生;施工图不熟,他干脆常驻场地,直至对各个环节把控自如;做黄龙饭店时甲方说他不行,只认定国外建筑师,他不服气,最后

① 应若:《谈建筑中"社会主义内容,民族形式"的口号》,《建筑学报》,1981年第2期。

设计出来一个经典证明给世人看;杭州市院重组后缺少项目被人唱衰,他去省外、国外找项目,还把项目做到极致,其中的两个项目被国际建协选为世界百年精品……

他的身上有着最宝贵的创新的基因,就是叛逆性格。缘于这份鲜活的叛逆,他从不迷信权威,思想的独立成为促使他奋发向上的最大内驱力,也造就他在建筑界的传奇。当然,相较于青少年时期的容易冲动,现在的程泰宁可以心平气和地解决问题,他已能较好地适应环境,不过心中仍隐埋着叛逆的种子,一旦遇到适当条件,就会显露其叛逆的本性,而此时这叛逆下潜伏着的,其实是强烈的创新意识。

在创作加纳剧院之后,程泰宁的思想禁锢被打开,从设计中找到很多乐趣,开始各种形式的探索,这种探索不仅是建筑实践,也表现在建筑理论上。他发现自改革开放以来,我国的建筑创作虽取得一些成就,但建筑理论的原创性仍然严重缺乏,跟不上需求,对建筑创作繁荣产生不利的影响。是时候思考在当下的语境中,找回中国建筑师的起点、道路和方向了。

程泰宁为何如此重视建筑理论呢?虽说掌握一定的建筑技术就能造房子,可想造漂亮的房子,就要看建筑师的美学修养和艺术天赋了。如果有更高的要求,希望建筑物达到真正的创新,就要看建筑师的理论水平了。有人觉得自己从未被理论影响过,其实他总在有意无意间受到前人经验的指导,而经验就是理论的初级阶段。建筑理论给人建立了一个思考相关建筑问题的平台,会让建筑师对待每一个设计更慎重。正如美国耶鲁大学建筑学院院长罗伯特·斯特恩(Robert A. M. Stern)所说:创造需要理论,不能胡乱为之。中外史实证明:建筑创作的繁荣昌盛,必以开放性的学术理论

为先导。

理论如此重要，我国原创的建筑理论到底是什么、在哪儿，谁也说不清。

造成这种状况的原因很复杂。中国古代有关建筑的文字资料大都分散于经史子集中，却没有一部文献是直接而集中论述建筑的。步入近代社会后，压抑的历史环境使得很少有人去思考建筑的问题。洋务运动后，海归学子将外国的建筑理论体系输入到中国，成为我国建筑设计的主流思想，可这种完全照搬西方教育模式的建筑理论体系，缺少中国的传统文化特征。一直到改革开放数年以后，也少有人试图去探索本土建筑的创作理论。这种现象追根究底，来源于民族的贫穷落后。从思维模式来说，中国人重综合而轻分析，因此不仅在科技技术方面吃了亏，而且各种学术领域的体系性不强。中国的建筑有必要通过分析来建立自己的理论体系，这应当是现代人的一项任务。[1]

很多有识之士已经意识到这个问题，也想建立中国的建筑理论体系，可形成理论却特别难。因为理论是经过高度提炼和抽象后凝结出来的，那些没有任何案例的研究，不过是纸上谈兵。国内建筑师亟需的理论，不是高深晦涩的教条学说，或标新立异的激进思想，而是实实在在的具有指导性的前人建筑活动的经验。

西方建筑师如库哈斯（Rem Koolhaas）、扎哈·哈迪德（Zaha Hadid）等人对形式的极致探索背后，有西方现代美学和哲学的支撑，国内的建筑创作理念和全面研究却处于失语

---

[1] 孙方平：《浅析中国建筑理论的缺失》，《工程技术（英文版）》，2016年第11期。

状态,中国的建筑行动失去了自己的方向,面对如此困境,谁来破局?

□4．破局者

早在大学期间,程泰宁就接触各种西方建筑思潮,有着建筑评论方面的自觉性。到杭州时他已40多岁,对建筑文化有所思考。从传统的文论、画论到老庄学说,博览群书的爱好,使他愈发了解中国的哲学精神,觉得中国哲学的整体观方法论最为独特。在设计黄龙饭店时,他就是从城市这个大的范围来思考的。而美国设计师和受西方哲学影响的香港设计师,却从建筑本身来思考。这一点是程泰宁跟他们非常不同的地方。直至如今,程泰宁仍然认为这个不同之处很重要,东西方文化的差异正体现于此。

把握宏观的方法,是中国人独有的智慧的结晶,但这种方法,后来被国人自己给丢掉了。他觉得如何挖掘传统文化中的精髓,使其在新的时代下得到转化、得以发展,是值得思考的话题。他呼吁重视和学习传统,并非又回到"民族的形式,社会主义内容"的老路上,而是提倡艺术形式和风格的多样化。那么,在传统和未来之间何以自处?

程泰宁给出了他的回答,那就是:立足此时,立足此地,立足自己。

大学毕业时,他买到一本好书《艺术哲学》,从此如获至宝,反复研读。在书中,法国文学评论家丹纳(Taine)提出了影响艺术成因的三个要素,即种族、环境和时代,认为伟大的艺术家不是孤立的,而是在时代的"和声"中产生的,指出艺

术家必须适应社会环境。这与法国现实主义画家库尔贝（Courbet）所说的，"艺术的任务就是表现时代并把它留给后人看"有异曲同工之妙。

这个观点给了程泰宁很大的启发。程泰宁觉得建筑只有成为一种时代的文化，才有力量和价值。同样，唯有把建筑放在时代的大背景下去观察，才会有更深的认识，从而为创作找到更多的启发和帮助。任何人的作品都会留下时代的印记，总想表现过去和未来，创作必定走弯路。在思考这个问题的同时，他也理清了自己的观念，进而形成了"立足此时"的观点。

在设计中，他善于总结，注意提炼理论思想，总是在项目结束后归纳出研究报告，有的探讨设计方法，有的强调跨文化发展。这个过程有助于他在设计实践中提炼理论思想，形成理论体系。做黄龙饭店的时候，他就考虑建筑与当地自然环境如何融合。等到做加纳国家剧院之时，他更有了这么一种想法：无论在哪里做设计，尊重国情、尊重当地文化，都是非常关键的，此即"立足此地"。

至于"立足自己"，就是在分析自己的基础上，有目的地锻炼自己，在具体创作中注意扬长避短，发挥优势，努力用自己的语言说话。一次程泰宁遇到业界老前辈、中国著名古建筑园林艺术学家陈从周先生，聊到当前建筑创作思想中的"代沟"问题，陈老幽默道："我就用四个字来形容吧——我们这些老辈人是'抱残守缺'，有些青年人是'全盘西化'，你们中年一代则是'不尴不尬'。"

程泰宁觉得：陈老以诙谐的语言，谈出了当前确实存在的一种现象。既然各人都有自己的条件和长处，有不同的修养和素质，那么，各人就从不同的起点，沿着不同的道路探索吧。只要立足自己,开拓创新,建筑创作一定能推陈出新,真正出现百花齐放的局面,我们的建筑理论也一定会更加活跃起来。

这些观点当然不是凭空产生的,"三个立足"是他从实践中产生的想法,并由此呼吁取得突破。后来,他在北京大学举办的"跨文化发展与中国现代建筑的创新"的讲座上如是说:

> 我们今天常常谈创新,以什么创新? 创新不是凭空来的,只有"立足此时、立足此地、立足自己"以后,才有创新的可能,才有体现唯一性的可能。一个设计项目,在杭州和在北京做肯定是不一样的,因为气候条件、文化背景等不一样。即使都在杭州,某个地段和另外一个地段的客观条件也是不一样的,这种"立足此地"的不一样是很明确的。同样地,设计师在不同年代做设计,思想需要顺应时代的变化。最重要的一条是立足自己,所有的此时此地都是客观存在,对这个客观存在怎么解释? 你要"自己"来解释,不同人的解释不一样,作品也就不一样,建筑才能做得丰富多彩。

1986年,可以称作中国原创建筑理论的建构年。在这一年,程泰宁创造性地提出并深刻阐述了"三个立足"的创作主张。他是现当代中国第一位提出比较完整的建筑理念的建筑思想家,标志着中国开始向世界提出具有中国原创建筑理论的思想。

虽然在当时这个理念的层次还不够高,但对程泰宁而言,通过对实践、理论的思索,当时他已把创作态度、创作的

立足点弄清楚了。从实践走向理论,他挥洒自如、游刃有余,看似水到渠成的事情,其实更多源于他的坚持,源于他的独立思考精神,源于他敢于向固有的东西提出质疑。"三个立足"的创作主张,令当时的建筑界耳目一新,得到了国内外同行的认同和积极评价,对新一代建筑师产生了极大的影响,为中国当代建筑理论的形成和发展做出了历史性的重大贡献。

□5．第一座上下分流的火车站

火车站,一座没有门牌号的建筑物,在诗人眼中,是人生旅途的必经之地,象征着家和远方,有团聚也有离别,是终点又是起点。然而,昔时国内的火车站留给人们最深的印象,却是交通拥堵、乱象丛生。每逢节假日,更是水泄不通,进、出站人流混杂,人群推搡拥挤,秩序乱得一塌糊涂。《中国青年报》曾专门做过调查:"在 1999 名受访者中,49.1%的受访者称火车站和城市交通衔接不良、换乘不便,29.4%的受访者认为进出站交通拥挤。"①

难怪有人评论国内有些车站设计不合理,大而不当,华而不实,遇到节假日挤死人。其实国外的火车站也存在着类似的弊病,比如纽约宾夕法尼亚车站,外观十分辉煌庄重,实用性却极差,进出此站的旅客自称"如老鼠般乱窜",该车站被称为最无秩序、最拥挤的车站。

---

① 孙山:《火车站周边交通状况调查:近 9 成人认为带来生活不便》,《中国青年报》,2018 年 9 月 4 日。

其实老百姓最关心的是火车站的实用性。在有限的时间内，能便捷迅速地集散更多的旅客，才会让人对这个城市印象更好。

杭州火车站也称"城站"，1937年毁于日寇的炮火，出于中国民众压力以及自身运送战备物资的需要，于1941年重建。1991年杭州拟重建新城站。当时除直辖市外，所有的火车站都由地方的铁道部设计院负责设计。但杭州新城站（也称"杭州铁路新客站"）的设计，却在程泰宁的争取下，定下由他牵头，由杭州市院、铁四院、浙江省院三家组成联合设计组集中设计。

由于原地重建，站房进深小，出站坡道狭长，这些条件对设计限制颇大。如此苛刻的场地条件，反而燃起了程泰宁的斗志。他坚信：

> 建筑是限制下的创造，限制可以激发创造，限制下的创造既是建筑与布景装潢的区别所在，也是其价值所在。

为了做好方案，设计组的成员集中在杭州郊区现场设计。当时正值一年最寒冷的时节，条件相当艰苦，程泰宁却心情极其愉悦。曾有三年多时间，他都在研究铁路旅客站，对旅客站设计有一些想法，一直希望有一个实践的机会。设计杭州站，即将实现他多年的愿望，怎能不叫他心生欢喜？

他大刀阔斧地改变了传统的疏解观念，最终推出高架、地面、地下三个层面立体组织流线的设计方案。发现至少一半是出站人流，他把出站大厅设在地下，旅客自地下出站后离站，分开了出、入站的人流；通过站前广场的自动扶梯，旅

客可以直抵售票厅、候车厅或汽车站，无须穿越车行道，大大提高了安全系数；售票厅、候车厅设在高架层，进站旅客无车流干扰，活动安全、惬意。这种"高进低出"分散人流的模式，在国内是第一次运用。

中国火车站大致经历了三个阶段：1.0版的火车站重点是好看，对城市交通以及配套功能结合方面考虑较少，人车混流，交通不便；2.0版的火车站已开始有立体设计理念，但进出站人流仍有交叉，显得很乱。杭州城站完全是按照立体交通来考虑的，进出人流没有交叉，所以很有秩序。可以说杭州火车站是2.5版的火车站，成为中国火车站的转折点。

令人吃惊的是，在设计之初，程泰宁就给未来埋下一处灵活和前瞻性的伏笔——为杭州火车站预留了地铁介入的空间。要知他是在1992年完成方案设计的，那时杭州连地铁的影子都没有。但考虑到将来换乘的便利，他还是超前地给未来的地铁"埋藏"了一个出入口，甚至在地基打桩时，为地铁隧道预留了空间。当时关于此的争论非常激烈，但程泰宁仍然坚持，最后还是找市领导拍板，才落实了他的方案。20年后杭州地铁1号线开通时，旅客一出火车站的出站口，就可以直接进入地铁站，大大方便了旅客出行。

在造型设计上，程泰宁根据当时、当地的实际情况，将江南传统建筑元素进行再解读与再创造，使新火车站充满古雅朴素的江南建筑的韵味，与杭州独特的城市气质融为一体，低调不张扬，却有着极致的内涵，细品又充满现代建筑简洁大气的视觉，在似与不似之间，默默传递杭城特有的江南文化气质，使杭州的"大门"与其他城市的"大门"明显地区别开来。

杭州火车站

　　1999 年 12 月 28 日,重建的杭州火车站(城站)正式启用,成为该区域的一大亮点和杭州市地标性建筑。从西湖大道上放眼望去,但见一座被底层高架平台环绕,从地下、地面、空中三个层次层层递进的 17 层"门"形综合大楼呈现于眼前,气势宏伟,韵味独特。夜幕降临,站前广场和综合高楼灯光璀璨。此时如从上塘高架望去,广场一周的夜景像极了天际线,便也称之为"东望天际线"。①

----

　　①　胡菲菲、徐文迪、王川:《杭州城站:重建 17 年后蝶变新生》,杭州网,2016 年 5 月 24 日。

再来看看车站的使用情况。上午 11 点钟,从济南始发的 2551 次列车到站了,两三千名旅客从出口处出来,分三路往东往西,各有三部自动扶梯上地面的广场⋯⋯不到十分钟时间,客流已疏散得无影无踪。城站广场整洁畅通,车辆、人员疏散有序,整个设施的高标准甚至已接近飞机场。节假日时,新火车站的日客流最高曾达到 13 万人,远超平时的 2—3 万人,但站内依然秩序井然。整个使用情况证明,这个设计理念是符合实际的,也是富于前瞻性的。①

这个设计不仅凝结着程泰宁的匠心,也带来铁路客站设计观念的突破与旅客出行体验的提升,且开创业内先河,其意义超过设计本身。由于设计理念领先全国,杭州火车站建成后,成为业界标杆,也成为全国其他城市火车站学习的对象。

程泰宁的这个作品,入选 1999 年国际建协第 20 届大会——当代中国建筑艺术展,为新中国成立 50 年间 55 个入选项目之一(也是唯一入选的铁路旅客站),获得建筑艺术创作成就奖;同年为庆祝新中国成立 50 周年举办第 9 届全国美展,建筑设计首次作为艺术设计类参展,杭州新火车站入选展出;2000 年荣获全国优秀设计银奖;2004 年入选"中华百年建筑经典"。

□ 6. 停留在纸上的遗憾

1990 年,杭州市院参加了河姆渡遗址博物馆方案招标。

---

① 程泰宁:《重要的是观念——杭州铁路新客站创作后记》,《建筑学报》,2002 年第 6 期。

程泰宁特别重视这个项目,他在余姚现场工作了十天,反复
体验并阅读大量资料,当他看到一张发掘现场的照片,突然
产生了灵感:

> 以纵横交错的建筑构架作为串联建筑的主要骨架,
> 不同标高的展室自由地散落在构架体系中。建筑仿佛
> 跨越了时空,发掘现场和出土文物所散发的原始而粗犷
> 的气息,弥漫着久远的古代文化所产生的历史感、神秘
> 感,观者在起伏不平的构架围合的地面上行走时,能够
> 感受到古时生活中阡陌交通、鸡犬相闻的景象。

令人扼腕的是,这么一件有内涵、有品位的作品,却因当
时被认为"不像建筑"而被否定。河姆渡遗址与这个有着超
出形式之上的、有着更高的审美境界的设计方案失之交臂,
不能不说是一件极大的憾事——不只是程泰宁个人的遗憾。

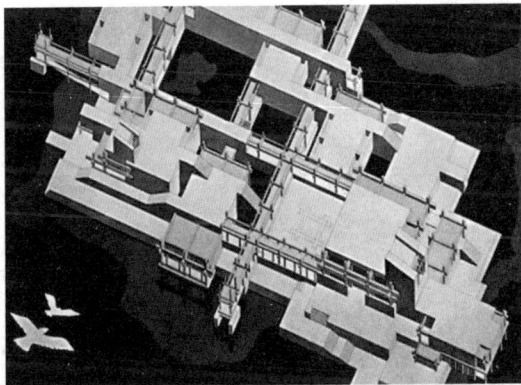

程泰宁所设计的河姆渡遗址博物馆竞标方案

在此期间,程泰宁还参与了北京、山西、内蒙古等地一些
工程的方案设计工作。虽然有些项目由于种种原因未能落

实,但与过去相比,程泰宁觉得在创作上已进入较为自由的阶段,作品中的"自己"逐渐凸现出来。

其间他还参加了一些国内外的重要的学术会议,1989年、1993年出席了国际建协第16、18次大会和第17次代表会议,同时担任了一些国际设计竞赛的评委。在这些活动上,通过和海外同行的交流,他不仅了解到国际前沿的研究动态,同时也展示了中国建筑师风采。经过二十多年的坚持,程泰宁在建筑设计上的天分得到了高度肯定,1990年他被人事部授予"国家级有突出贡献专家"称号,1991年获国务院特殊津贴,1992年获杭州市科技重奖。

左图:1989年程泰宁(左一)与国际建协主席哈克尼夫妇在一次国际学术会议上;右图:1989年程泰宁(左四)参加国际学术会议,与会者有佩里、迈耶等

□ 7. 美不胜收的纪念馆

在程泰宁的带领下,杭州市院蓬勃发展,蒸蒸日上,程泰宁却在此时选择从院长的位置退下来,令人颇感意外。对他来说,设计和行政是无法兼重的工作。作为一院之长,他得为设计院的生存去开拓经营和综合管理,这些与他想做的设计工作毫无关系,可又不得不做。故而自1986年起他每年

都写一封辞职信,均未被批准。直到 1991 年,鉴于他的坚决态度,领导终于同意了他的辞职请求。随后,程泰宁在院领导同意下组建了一个类似工作室的建筑研究所。建研所集合了王幼芬、丁泓、陆晧等一些优秀的年轻人,试图在中国现代建筑面临困境和挑战的情势下,"决不退缩,决不随波逐流,愿与所有有志于斯的同行一起重铸中国新建筑的辉煌"。

1992 年 7 月程泰宁应华艺公司之邀去香港工作。到港后他发现,香港事务所最大的特点,是把做好工程放在第一位,人才也可以自由流动。他去香港的原意,是双方合作开拓境外市场,但自下半年起,内地建设转入高潮,华艺公司的力量完全集中于内地。在这种情况下,他做了几个方案后,手持还有几个月才到期的通行证,于 1993 年 2 月返回杭州。

受这段经历启发,从香港回来后,程泰宁给建研所未来作品的定位是"现代的、中国的",由此开始更深层次的探索,其后设计的上海银舟大厦、浙金广场、联合国国际小水电中心、杭州江干区人民政府以及海南商业广场和元华广场方案等作品,都反映了他在这方面的努力。

1994 年,国际小水电中心在杭州成立,这是联合国定点设在中国的第一个独立机构,选址位于西湖风景名胜区内。程泰宁通过巧妙设计,构建出一个现代文化背景下的传统园林的意境。该项目后来入选国际建协第 20 届大会"当代中国建筑艺术展",为 1949 年后 50 年来 55 个入选项目之一,获"建筑艺术创作成就奖",同时入选第 9 届全国美展。

"长亭外,古道边,芳草碧连天,晚风拂柳笛声残,夕阳山外山。天之涯,地之角,知交半零落。一壶浊酒尽余欢,今宵别梦寒。"这首动听而悲凉的骊歌《送别》,自问世起,在华人世界被传唱至今,感动数代人。词作者李叔同,浙江平湖人,

集诗词、音乐、话剧、书法、篆刻等艺术成就于一身，以"弘一法师"名冠天下。为了纪念这位世界历史文化名人、弘扬他的伟大精神，2001年平湖市政府决定兴建李叔同纪念馆。他们对程泰宁提出一个要求，欲将此馆打造成平湖的城市名片。

许多人一提到建筑名片，就联想到摩天大楼。程泰宁却觉得建筑内涵比高度更重要，于是把设计重点放在对李叔同的性格把握上，最后决定以"水上清莲"为主题进行构思创作，来表达李叔同高洁出尘、遗世独立的情怀。纪念馆采用七瓣莲花造型，主体建筑有三分之二宽度立于东湖中，从周围自然环境中脱颖而出又不张扬，相对于参观者亦是尺度宜人。最妙的是，每片花瓣都是一个展厅，七片花瓣状体块从基座外围缓缓伸出，减小了基座尺度，又使纪念馆与岛、湖融为一体，如一朵高雅洁白的莲花，亭亭玉立于湖中。唯美的造型有一种浪漫的诗意，蕴含着丰富的东方精神，予人以赏心悦目的艺术享受的同时，又令人不由自主地重新审视生命的价值和意义。

这座美丽的纪念馆建成后，成为国内影响最大、知名度最高的名人纪念馆之一，也是平湖对外宣传的一张名片，每年数以百万计的海内外仰慕者前来凭吊大师。曾有领导在考察后如此评价："平湖的李叔同纪念馆设计很新颖，投资只有2700万元，大家看了以后赞不绝口。我不知道相关部门有没有注意到这个馆的设计者，就是设计鲁迅纪念馆的我国建筑设计大师程泰宁。下一步，如果我们要建名人馆的话，就可以找他来设计。所以，我们考察的时候，大家要留意这些事。李叔同纪念馆，我认为是名人馆里面建得非常好的单体纪念馆……"

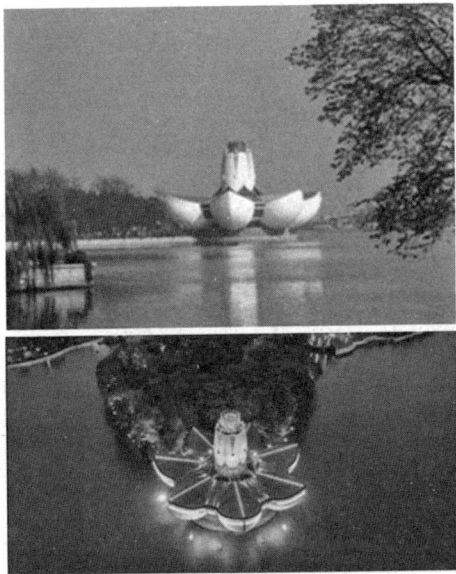

平湖李叔同（弘一法师）纪念馆

　　上文中提到的鲁迅纪念馆，是程泰宁 2002 年在绍兴设计的项目。在这个项目上，程泰宁保持了当地民居的布局精神，结合现代黑色金属构建的廊架及玻璃的设计元素，与大面积"粉墙黛瓦"形成鲜明对比，带来视觉冲击。纪念馆的外观是传统的"老房子"形式，与四邻和谐一致；内部又是新空间，完全满足现代博物馆的陈列功能所需。建筑与水景纵横交错，内外空间相互渗透，令人耳目一新，不仅具有地域特色，而且充分体现鲁迅精神的人文内涵，是以有别于其他的鲁迅纪念馆，显出唯一性。

　　这三组标志性建筑，是程泰宁根据当时、当地情况，结合实际，按照自己的理解、全面考虑、设计出来的具有自己特色的"现代的、中国的"作品，是他在"立足此时、立足此地、立足自己"理论指导下的成功实践。

绍兴鲁迅纪念馆

□ 8. 为了心中的建筑

1997 年,当代中国建筑师丛书《程泰宁》集出版,详尽地介绍了程泰宁的设计思想和数十个具有独特创新精神的作品。同年 12 月 5 日,《建筑学报》召开了《程泰宁》集出版座谈会。在座谈会上,来自各地的建筑学专家对程泰宁的作品踊跃而认真地发言,这里摘录部分精彩片段如下:

> "我从来认为一个合格的建筑师必须具备三个条件。第一是专业造诣,第二是艺术修养,第三是敬业精神,那就是对工作必须认真负责,处处一丝不苟,事事精益求精。泰宁这三个条件都满足了,所以他的成功就绝不是偶然的了。"
>
> ——张开济(北京市建筑设计研究院总建筑师,首届全国设计大师,我国第二代著名建筑师)

　　"程泰宁在高妙地解决各种困难和制约的基础上,创作了继承历史文化传统又保持鲜明时代特征的优秀作品,在杭州的城市建设中起到了卓越的影响和作用。……他认为现代与传统不是对立的,他努力去寻找两者的交汇点并在建筑形象中体现出来。人们从他的创作中可以感受到历史与现代的无形联系。"

　　　　　　——刘开济(北京市建筑设计研究院顾问总建筑师)

　　"杭州市院原来确是名不见经传的小设计院,经他(程泰宁)调理整顿,大力开拓,逐渐由杭州、浙江、上海走向全国、国际。如果没有炽热的进取心、没有一往无前不畏艰难的精神、没有在创作上执着的探索创新、没有深厚的功底、没有突出的文化素养和理论水平、没有杰出的组织才能、没有团结容人的大度,如何能在短短的七八年内取得如此巨大的成就! 在他的创作中贯彻着精品意识,他始终立足于国情、立足于环境,走自己的道路。他的作品典雅脱俗,与环境息息相关,他尊重文化传统但又有创新……"

　　　　　　——钟训正(东南大学教授,中国工程院院士)

　　"他的作品不落俗套,时而能以独特的雕塑感震撼人的心灵;时而以小巧的尺度使人倍感亲切;时而以挺拔的造型或精巧的细部处理让人玩味不尽……程泰宁同志不仅才华横溢,而且还具有娴熟的技巧和扎实的基本功,这自然是他多年辛勤劳作所练就的。从作品集中可以看出:无论是空间组合、体型塑造乃至每一个细部处理都以巧妙的构图和各种形式的表现手法而展

现在读者面前。社会呼唤精品，所谓精品，即高水平的
建筑创作。我认为要出精品，建筑师必须具有以下几
方面素质和条件：第一，要有炽烈旺盛的创作激情；第
二，要有才华，亦即创造性的思维；第三，要有健康高雅
的审美情趣；第四，要有技巧，或曰娴熟、扎实的基本功
训练。从泰宁同志的作品看，可以说是条条具备……"

——彭一刚（天津大学教授，中国科学院院士）

"程泰宁先生在谈到他的创作观时，提到'立足此
时、立足此地、立足自己'。我认为这是个很好的概括，
言简而含意深远。他不同意无根据地去表现过去和'未
来'，他的作品也正说明了这一点。虽然他的作品形式
多种多样，却绝不脱离此时此地，我们看到远在马里、加
纳的大型公共建筑与在国内的表达形式决然不同，比较
准确地把握了不同地点、气候和文化特性。而同在杭州
地区的建筑，如早期的黄龙饭店和近期的省联谊中心，
也有着明显的差别和发展，表明对不同时期建筑形象的
掌握。而这一切，又都能较好地为社会所接受、所喜爱。
至于'立足自己'，我以为这点更是程泰宁先生建筑艺术
成就最为光彩的一面。"

——关肇邺（清华大学教授，中国科学院院士）

"他（程泰宁）如此始终执着追求结合传统建筑文化
与现代化，而综合了古今中外的创新，又是一种历时性
与同时性结合的全面综合。……古今中外如此和谐，是
不知也不能融会贯通而糅合古今中外为一和谐整体，高
唱历史文脉却拙劣无计，以无能为光荣者吹嘘不和谐杂

凑的可比。其间优劣高低岂能以道理计？建筑文化传统与现代化的问题，又被他如此令人意外地出色解答了。"

——郑光复（东南大学建筑系教授）

"这本作品集凝集了作者40年来的心血。可以看出，他是以极强的精品意识去完成的。200多页的篇幅，每一页都经得住推敲，且无一不精。这种锲而不舍的精神很值得学习，并给人以启示……"

——聂兰生（天津大学建筑系教授）

"他的建筑作品决不故作惊人状，或以时髦、气派取胜；而是处处表现出功能合理、安排妥帖、造型大方、尊重环境。正是基于这种素质，加上他的人格力量，泰宁团结了一批同龄代的建筑师，同时带领了一批青年建筑师，在建筑创作上取得了令人瞩目的成就。"

——王伯扬（中国建筑工业出版社）

"从《程泰宁》一书中的三个设计，可以看到程泰宁建筑师对空间与场所的思索是怎么发展的。……联合国国际水电中心：仍然有庭院，但这次庭院是由层层围合形成的，和传统的中国园林产生了距离。水电中心的空间也非匀质的，而是平面上多个几何形体的重叠和组合的结果。更出现了庭院与房屋的重叠。这种空间的复杂性也许正反映出程泰宁对营造场所的新追求。"

——张永和（麻省理工学院建筑系主任，国际著名建筑师）

"著名建筑师程泰宁是我'老师辈'的学长,他的作品耐人寻味,具有诱人的魅力,显示出深厚的功底、执着的追求和人格的力量。我总觉得程总身上存有杨老(廷宝)的华彩。产生这样的印象,或许是由于我曾在东南大学建筑系长期工作过的缘故,或许是因为程总得了杨老的真传。"

——王国梁(中国美术学院教授)、王征之(中国美术学院风景建筑设计研究院)

"泰宁的建筑创作生涯,我分为三个阶段,20世纪50年代到'文革'是他打功底阶段,'文革'虽有创作,还是略有停留阶段;'文革'后从临汾到杭州,开放改革,时也命也,使他如鱼得水,还是立足于自己的阶段。历史在继续、人类在进步,对每个人来说,都是学无止境,愿泰宁更为后代留下光辉的足迹。"

——严星华(中国建筑学会副理事长)

1997年,《建筑学报》举办座谈会《当代中国建筑师——程泰宁》,第二排左六为程泰宁。

从业 40 多年,程泰宁在建筑上取得的杰出的成就有目共睹,由于贡献突出,2000 年,他被评为全国工程勘察设计大师,这也是我国工程勘察设计领域的最高荣誉。在新旧世纪交替之际,他感慨万千:

> 有人说"往事莫提起,提起泪满江河",有人说"过去的一切将变成亲切的怀念",这都是文人的心态。作为一个造屋者,抹去不平的意气,丢掉无谓的傲慢,走出残留的阴影,回首往事,映入我眼帘的,只有一张张图纸,一个个模型,一座座建筑,这是最现实的,最可欣慰的。人类已站在新旧世纪的交汇点上,我将从容地跨过这历史的门槛,继续走自己的路,为了心中的建筑。①

---

① 程泰宁:《程泰宁——创作经历自述》,筑境建筑,原文定稿于1997 年。

第七章　新世纪更上层楼

□ 1. 68 岁再创业

　　程泰宁辞去院长后所组建的研究所,为杭州市院创造了不少荣誉,获得若干大奖,可最后所里人员的分配结果却很差。他曾向院里申请,希望能给研究所一点特殊政策,却被院长一口回绝。在旧的环境下,干好干坏一个样,如此导致程泰宁的手下看不到发展前景,很多人工作二三年就选择跳槽,团队很不稳定。程泰宁自己的处境也颇为尴尬,辞去院长在研究所的近十年里,他很少有机会参加全国性的学术活动,也没有出过一次国,要知道之前他几乎每年都要出国参加学术会议。雪上加霜的是,1995 年他又遭遇被劝退休的窘境。

　　建筑师是一个长寿的职业,很多人一生都活跃在建筑界,比如奥斯卡·尼迈耶(Oscar Niemeyer)在 91 岁获得英国大不列颠皇家建筑学院金奖,103 岁时仍在设计;贝聿铭年近百岁依旧坚持工作……随着年龄的增长,建筑师对人、对社会的观察和理解更深刻,思想也更深邃和活跃,愈发能创作出精品佳作来。程泰宁亦是如此,虽到退休年龄,但已形成了独特的建筑语言与建筑风格的他,就创作心态而言,正处在活跃期。美国建筑师菲利浦·约翰逊（Philip Johnson）年逾八旬仍称自己处于事业的中期，并声言要工作到 100 岁，可当时中国的国情和制度却让程泰宁无法说出这样的豪言壮语。

不甘心就此离开心爱的建筑，他发下宏愿："几十年的蹉跎，不仅使我对今天的创作环境十分珍惜，一个中国建筑师的自信心和责任感也激发了我一种信念：不论有什么困难，我一定会采取一切可能的方式，把我的创作生涯继续下去，直到我不能工作的时候为止。"

其实他想要的很简单，只要有一个不用很大但稳定的团队，自己能够安心做设计就足够了。当时有很多公司机构想高薪聘请他，但他知道，这些并非他所期望的"探索建筑创作之路"。他也想过单干，但不想搞个体，因为当时国内建筑市场的投资主体大多是政府，一些比较重要的项目他们更相信国营单位，不会选择个体企业。

就在他特别苦恼之际，事情终于出现了转机。2001 年的某天，他看到《中华建筑报》上刊登了建设部郑一军副部长和王素卿司长的讲话，提出发展由知名建筑师和设计大院合作的事务所，借助优势互补，以激发创作活力。程泰宁看后十分激动，觉得这正是自己一直寻求的合作模式，现在终于得到了官方的认可。他马上给建设部部长汪光焘写了一封信，坦诚地说明了想法，得到了部、司领导的支持。然而院里却不同意成立新的事务所，希望他退休。万般无奈之下，他找到中国联合工程公司（前机械设计二院，下简称"中联"），后在总经理周子范的支持下，于 2003 年成立了中联·程泰宁建筑设计研究室，后更名为"杭州中联筑境建筑设计有限公司"（下简称"筑境"）。

在别人退休的年纪,68 岁的程泰宁选择了创业,选择重新开始,这也意味着他将告别安稳,去承受辛苦和极大的压力。缘于对梦想的不惜代价的追求,他毅然决然地走向艰难的未知旅途。

创业之初,原同事中只有陈忠麟、王幼芬支持他,在最困难的时候,给了他很大的心理支持。但组建一个团队需要很多条件,当时的他一少人才、二没资金、三无市场,压力大到透不过气。从杭州市院请来的两位技术骨干,不到两个月都离开了,只剩下三位刚毕业的大学生。连 60 万元的开办费,也是中联公司借的。最难受的是,一开始完全接不到设计任务。

当时他心想:这条路是自己选的,也是自己向往的,再大的困难也要走下去。而且说心里话,当时也没有更好的路可走了。后来在大家的帮助下终于熬了过来,向中联公司借的60 万元,也在当年就还上了。

因为新单位采用现代企业的操作模式,决策层和执行层分开,他聘请理念相同、认真肯干的胡新作为总经理,再加以王幼芬等一批技术骨干,程泰宁基本上摆脱了日常事务工作,把主要精力都集中在创作上,这正是他一直以来所期盼的。后来,有人问他:"面对如此困境,你是怎么坚持下来的?"

程泰宁微笑道出真相:"我就是想做设计,而且我觉得我能做设计,而且我觉得我做的设计做下去以后,也许对我们国家来讲有一点点贡献。"

□ 2 . 震撼人心的不屈战俘馆

在成都以西的大邑县安仁镇,有一个当今中国最大的民间博物馆聚落。在这块 33 万平方米的画布上,一众建筑名家各展才华,设计出 30 多座风格各异的场馆,其中包括中国科学院院士彭一刚设计的正面战场馆、美国建筑师建筑协会前主席的切斯特·怀东设计的飞虎奇兵馆、日本著名建筑师矶崎新设计的日本侵华罪行馆……馆馆主题各异、设计新颖。

其中有一座很特别的展馆,是专门为抗日战俘建立的。建川博物馆聚落创办人樊建川修建不屈战俘馆的目的,是永远纪念每一位抗战斗士,并与主流抗战纪念馆形成合奏,让人们对历史的认知更加全面。

在 2003 年的一次会议上,程泰宁被分配设计不屈战俘馆。他发现建川博物馆聚落的其他各馆,都在一条连续的展览路线上,只有不屈战俘馆离开了这条展线,孤零零地伫立在基地的东南角,很容易被忽略。当时他心中暗忖:自己一定要在建筑物的"形式"上下点功夫,把它做得奇特一点,使观众在远处看到不屈战俘馆的时候会想:"啊,这是什么馆?看看去。"

不屈战俘馆的建筑形式该怎样表现?通过查阅相关资料,程泰宁发现:这其实是一个数量相当庞大的群体。抗战期间,在国家危难时刻,中国人民不分男女老幼,慷慨从军,上阵杀敌。在中日实力悬殊的情况下,有人壮烈牺牲,也有人在英勇奋战后因负伤或弹尽粮绝而被日寇俘虏。他们绝大多数被俘后饱受凌辱,或被送上活体解剖台,或被施加酷刑,还有许多被日军驱作劳工,遭受十分恶意的人格侮辱和精神摧残。

樊建川曾专程去日本,买下市面上所有中国战俘"遗照",都是当年日本随军记者所拍。虽只有 40 张,却每一张

都令人震撼。其中有一个 10 岁的小男孩，在日寇手拿刺刀满脸凶神恶煞的情况下，依然面不改色，小身板挺得直直的，竭力默默地反抗。还有一个 15 岁的小战士，在其他俘虏都倒下的情况下，依然笔直挺立地站着中国军人的军姿，一脸宁死不屈的表情。其中最令人震撼的，是一位年仅 20 岁的女战士——成本华，她被日军俘虏后，双手抱怀，泰然自若，视死如归。

看过资料后，程泰宁的心情很沉重。虽然大家崇尚的是死战不降的英雄，然而，这些人抵御外敌入侵死战，是在失去所有反抗能力的情况下被俘的，不等于投降。就像进了渣滓洞的地下党，只要没变节，都是为国家民族英勇奋斗的英雄。无数战俘在压迫下英勇抗争，然而他们的历史贡献并未受到重视，即使抗战胜利之后被放出来，还要经过严格的审查，有的遭到周围人的白眼，在郁郁中终了一生。

望着一张张受尽屈辱、折磨却依旧坚毅的面孔，程泰宁受到很大震动，单纯的形式、风格在脑子里已经淡化。他觉得樊建川先生关于不屈战俘馆的创意，不仅独特而且别有深意，在这个项目之前，世界上从未有过这样的独立展馆，他进而萌生了一个想法：打开直面这个特殊群体的一扇窗，让参观的人们感受到战俘令人悲怆的命运，打破人们对他们可能存在的忽视和误读，应是这个馆该起到的效果，也是设计的立足之本。

对战俘命运的感受与体悟令他心潮起伏，浮想联翩，一个意象很快清晰起来：

> 战俘——这些曾经的战士，没有"玉碎"，但也绝非"瓦全"，他们像一块石头，在不可抗拒的外力的冲撞撕

裂下,有了裂纹,有了扭曲,但他们内心依旧坚硬,而且有棱有角,保持了自己完整的人格,保持了自己的惨淡的清白。战俘馆的外形就像这石头,虽然局部破损变形,但仍保持方整的形体……清水混凝土粗糙的墙面隐喻他们的灰色人生,而暗红色的顶部,既象征着他们曾经遭受的苦难,似乎又昭示了他们那颗坚贞而又流血的内心。建筑形体虽有破损,却仍然棱角尖锐……①

不屈战俘馆的外形——破损变形却依然保持方整的石头的意象

　　不屈战俘馆外形极具特色,然而,仅有建筑形式是不够的,特别是当程泰宁发现馆内的展品最初只有 40 张照片,根本无法与其他馆内的丰富而生动的展品相比时,他愈发意识到,在展品捉襟见肘的情况下,要想引发观众对战俘这一特

———————

　　①　程泰宁:《无形·有形·无形:四川建川博物馆战俘馆创作札记》,《建筑创作》,2006 年第 8 期。

殊人群的关注,建筑的创意就显得格外重要。不屈战俘馆的场地很小,只有 700 平方米,传统手法无法充分表达他想要的东西。经过一番思索,他采取迂回曲折的方法,形成一条较长的展线,让空间利用率最大化。更重要的是,在一些转弯之后设置令人震撼的照片,忽然看见照片会令观众的内心受到强烈的冲击。这里的曲折和扭曲,与战俘的心情也相匹配。

建筑被他划分成一实一虚两部分,实体是展厅,虚体作为"水院",两者之间以放风院作为过渡。一条狭窄曲折的引道,塑造出入口的仪式感。视野的局限,空间的逼仄,让气氛一下子凝重起来,为后面空间叙事的展开埋下伏笔。走过沉重的引道,进入更为压抑的主体——展厅。这是一个连续的、迂回曲折的、封闭的空间序列,流线在不同的空间穿插,观众也不断地转换观察视角,情绪一步步地铺垫、积累直至高潮。灰色粗糙的高墙天花板,扭曲的展室空间,杂乱排列的裸露的顶梁,以及压抑昏暗的光线环境,共同营造出一种悲怆沉重的氛围。随处可见的牢笼,无声地诉说着战俘们生前的屈辱和他们钢铁般的意志。顶部刺眼的光线与室内的阴暗形成鲜明对比,在黑暗中挣扎的剪影,无声地发出不屈的呐喊。牢笼上交叉的长条形铁栅令人触目惊心,仿佛暗示他们一生都要背负着沉重的枷锁。与外界相通的,唯有窄小的天井和高高的放风院墙上的小洞,战俘只能通过这些洞口去观察天井内的小树,想象着外面广阔自由的天空。参观者走过最后一个展廊,经过一个巧妙的转角,从压抑的空间氛围倏地转向一个宽敞明亮的室外水院,迎面而来的平静的水面、灿烂的阳光和湛蓝的天空令人重获希望,预示着苦难已经过去。人们仿佛从一场无法泯灭的噩梦中醒来,被压抑到极点的情绪在这里得到舒缓,促使他们很快平静下来,重新思考战俘这一特殊人群,以及自己该以怎样的态度和立场来对待他们。

虽然使用的材料极其简单,只有混凝土和钢筋,但程泰宁通过对空间、结构以及光影的独特处理,却把那种压抑扭曲的意境表现得淋漓尽致。人们对他营造出的压抑、悲怆的氛围深有感触,产生了情感的共鸣和精神上的震撼,许多人边看边流泪,主动探寻隐匿在建筑形式背后的人文关怀,对以往被他们忽视的战俘这一特殊群体给予了关注。2006年,有一次王石来到博物馆,参观战俘馆时,大声痛哭,对樊建川说:"感动、震撼、非常非常非常感染人。"①还有部分观众的反馈如下:

不屈战俘馆的内部

去了建川博物馆聚落,印象最深的一个馆是不屈战俘馆,程泰宁设计。整个文物没有瞅一眼,单单建筑的空间,已经享用不尽了。参观完,感觉特别奇怪。像是

---

① 《当代英雄樊建川》,《文摘报》,2018年5月15日第5版。

被空间给震撼了，又像是被一种很粗糙的又夹杂着细腻的东西给感动了，好像心里有千条虫子在爬，四周的空气都在挠我一样……①

抗日战俘，虽然不美好，但却无法逃避，也是历史真实的一面。这是国内唯一一个为战俘修建的博物馆。暗红色墙体围起来的是碉楼，外边是三角形的放风场地。从入口处开始，走了不到20步，就不禁赞叹：设计师真棒！②

公元2011年7月24日，余同仆射老弟再共游建川博物馆聚落，已是时隔6年之余，仆射老弟言：每次去《不屈战俘馆》心里都很沉重，泪眼婆婆，出来沉甸甸的，余同感……③

□3．通感·意象·建构

杭州是一座有着非常浓厚艺术气质的城市。早在800多年前，南宋王朝迁都杭州后，就建起南宋画院。1928年初，蔡元培、林风眠在杭州西湖畔，创建了国立艺术院（中国美术学院的前身），使杭州成为中国高等美术教育的发源地之一。建院之初，蔡元培、林风眠倡议在西湖畔建美术馆，后来，潘

---

① http://blog. sina. com. cn/s/blog_64ae81eb01011yoq. html。
② http://blog. sina. com. cn/s/blog_4c8017520100097n. html。
③ http://blog. sina. com. cn/s/blog_503ccfbd0100skk9. html。

天寿和刘开渠等美术界人士,一直呼吁杭州应该有大的美术馆。然而,由于时局动荡,这一愿望迟迟未得实现,但作为"东方美术之都"的浙江,想建设一座高水平的美术馆,这也成了该省文化界、美术界乃至社会公众的长期愿望。2003年1月31日,习近平同志冒雨在杭州南山路138号现场踏勘,拍板浙江美术馆建在西湖畔。那个除夕夜,也成了一锤定音的历史瞬间。① 至此,几代艺术家接力数十年的共同夙愿美梦成真,浙江美术馆建设终于正式开启。

这对建筑师来说是一次难得的机遇,程泰宁对承担此项目的设计也充满期待。工程启动后,他即受邀参与方案投标,同事们都很激动。不同于大家的兴奋,程泰宁却格外冷静,他告诉同事们:"我选择了放弃竞标。"

"您为什么放弃这个项目啊?浙江美术馆的设计条件多好啊!"几个年轻人先沉不住气,叫了起来。

浙江美术馆选址在杭州玉皇山下,西湖之滨,原南宋宫廷画院旧址,被认为是西湖边上的最后一块"风水宝地"。在如此佳地设计美术馆,且建筑规模将会成为全国已建美术馆中的最大,这对建筑师来说是何等大的诱惑! 面对大家的不解和惋惜,程泰宁坦然道:"虽说这个项目也是我多年期待的,可一旦面对,我却发现还没做好准备,根本没有'感觉'。如果应付一个方案,即使中标了,连自己的想法都没有是不行的。既然毫无'感觉',不能做好,那我宁可放弃不做。"

他一向以高标准对待每一个项目,正是这种一丝不苟的严谨,才设计出那么多的经典作品。之后,他受邀加入了由

① 周天晓、王婷、严粒粒:《浙江美术馆,一个文化地标惊艳世人的背后——丹青不渝美美与共》,浙江在线,2017年10月9日。

13个专家组成的方案投标评审团,评审组长是中国美术学院院长许江,程泰宁担任副组长。

当时,全国24家设计单位参加了此次投标,共提交32个应征方案。第一轮竞赛不乏优秀的设计,有些完成度很高,评委们也比较肯定,但大家总觉得缺点什么。坐在评委席上,程泰宁边看方案边思考:如果自己来设计,能不能将这些方案的优点结合,使之既有现代感,又有中国味道,还要很活泼、很有视觉冲击力?这个突如其来的想法,瞬间点燃了他的创作激情,他决定应邀参加第二轮招标。

在创作过程中,程泰宁的团队提出过不少创意。程泰宁觉得这些创意虽然有趣,却仍未摆脱符号、风格或某种设计方法的局限,他觉得唯有在不同领域、不同事物中寻求通感,才能带来更大的创作空间,也最可能实现方案的"原创"。

那段时间,他整日心神恍惚,各种意象在脑海里闪现:飘逸的屋顶,美丽的雕塑,苍劲秀逸的书法线条,意境高远的水墨画,还有高峰坠石,列岫千重,小桥流水,浅深山色,一汀烟雨……在杂乱模糊的草图线条中,他逐渐捕捉到不同创意的相通之处。在心物相应的刹那,他飞快地拿起铅笑,在草图上勾画起来。想把三种特点都融合进去,他画了三张草图,分别从自然环境、江南文化和现代技术三个层面,对作品的立意进行阐述。

第一幅草图被他概括为"依山面水,错落有致,虽为人造,宛如天开"。程泰宁希望所做的建筑不要很突兀,而是生长在环境之中;第二幅草图上写着"粉墙黛瓦,坡顶穿插,黑白构成,江南流韵"。他希望美术馆不仅结合自然,也能与杭州的文化、精神环境相融合,体现出杭州和江南的文化特征。

第三幅草图上写的是"钢、玻璃、石材的材质对比,方锥与水平体块的相互穿插,使建筑具有强烈的雕塑感"。毕竟是在21世纪建美术馆,不能重复过去,所以他采用新的材料,去表达现代人的审美意境。

程泰宁对浙江美术馆的设计草图

可以说,单看这三幅美得如水墨画一般的草图,就能体会到一种宁静幽远的美妙意境,让人无法抗拒。它们不仅体现了程泰宁的设计理念,更重要的是,因为创造出艺术容量更大的建筑意象——诗境、画境和现代的审美意识,实现了方案的原创性。

在参加第二轮投标之前,程泰宁请了很多年轻人帮他做方案。大家对这个项目都很兴奋,每人都想做一个自己的方案,由此耽搁了一段时间。因后期时间太赶,由意象到建构的转换很不到位,呈图的完成度也不够。有评委直率地向程泰宁提出:"你方案所表达的建筑形象跟草图有明显差别,没

有那个味儿。"

程泰宁自然清楚是怎么一回事,就说:"看下一次吧"。

距离第二阶段的评选有较长的准备时间,这一次程泰宁经过反复多次调整,很好地表达了设计中原有的意象。2003年冬天,他的方案顺利地中标入选。

虽拿到了项目,建设方对程泰宁的团队并不信任,想把他的方案交给别人做扩初和施工图,如此势必会对原方案的很多创意和项目的完成度造成损害。当时程泰宁刚从美国讲学回来,听此消息很是震惊,得知建设方下午要来谈买断方案的事情,马上给分管文化口的省委副书记梁平波写信说明情况,随后火速派人将信直接送出。下午会议开始前,建设方先后接到两个电话,到正式开始谈的时候,他们的态度发生了变化,再也没提更换设计单位的事。后来程泰宁才知道,第一个电话是省委副书记的秘书打的,第二个电话是文化厅的厅长打的,他们都表态不同意这么做。领导们的支持,使他能把这个项目做下去,令他特别感激。①

□ 4．西子湖畔的一滴水墨

从方案到实物转化的施工阶段,所传达的意象容易走味。为将水墨意境之美引入到建筑中,程泰宁选用夹胶玻璃,制造似透非透的效果,犹如深浅不一的墨迹一般,形成了很美的构图。又用大尺寸的黑色钢构件勾勒轮廓,叠出山峦

---

① 《程泰宁:建筑院士访谈录》,中国建筑工业出版社,2014年7月1日。

绵延起伏的意象,与书法流动的线条美如出一辙。玻璃和钢架,都是现代材料,经过程泰宁的重新诠释,却营造出粉墙黛瓦的意象,同时展现了建筑的时代气息,非常奇妙。

他让人在施工现场,将钢梁、玻璃和石材按不同的搭配,建造出一个个小房子,在不同时间对各个角度下呈现的效果进行推敲。为觅得合适的外墙材料,他亲自去德国纽伦堡矿区挑选石材,终于找到一种石灰石,能产生一种水墨韵味,且经岁月打磨,其色彩会愈发沉着,令美术馆更有历史感。

浙江美术馆位于西湖之畔,建筑物的高度受到限制。在布局时,程泰宁把美术馆近一半面积的功能空间放到地下,从而使建筑更好地融入西湖景区。由于下沉广场巧妙地引入了地面水池泻下的光线,商场内实现了自然照明。中央大厅是一个极大的展览空间,为灵活布展创造了前提,也便于展出现代的大型艺术作品,敦煌艺术展曾在这里做过一个大石窟[1],从侧面证明了浙江美术馆在空间上令人惊叹的可变能力。

有评论说:"和有些国外建筑师相比,他[2]也许没有什么特别前卫的口号,但他有非常丰富的经验和对建筑比较深入的研究。浙江美术馆虚化处理的屋顶,是对周围景观的尊重及与技术结构很好的结合,解决了内部采光的功能需要,层层的退台设计也早已和内部功能进行了充分的协调,在设计中似乎有一种水到渠成的感觉。"[3]

---

① 郑琳、蔡崇葳、吴煌、林云龙、陆伟:《浙江美术馆变身莫高窟　引来数千观众惊叹留恋》,《钱江晚报》,2013 年 12 月 29 日。

② 指程泰宁。

③ 陈周燕:《中外建筑师设计理念的差异——以我国近年举办的大型国际建筑设计竞赛为例》,硕士学位论文,合肥工业大学,2009 年。

浙江美术馆在设计中开放的节点设置，形成了虚实相
生、相互渗透的空间感

　　2009 年 8 月 9 日，历时 7 年建设的浙江美术馆正式开馆，几代浙江艺术家的夙愿终得实现。建成后美术馆依山形展开，向美丽的湖面层层叠落，因山构室，随曲合方，大得天然之趣，营造出传统山水画中的山形延绵不绝的意境，在"似与不似"间传达出江南文化的气质意韵。美术馆的外表低调克制，因设计巧妙，内部空间极大却不显于外，合宜的建筑尺度并未与自然抢夺人们的注意力，而是尽可能地呼应山水。在蒙蒙烟雨中，不见一丝斧痕的浙江美术馆，"犹如从西湖边'生长'起来的江南水墨，日日与西湖对话"，似在诉说着展览背后的故事，以及艺术家眷恋故土的情怀……

开馆当日,据不完全统计,近万名观众第一时间走入展厅,感受到一流美术馆带来的艺术之美。"It is very impressive … impressive … impressive(印象深刻的).",美国人丹尼尔·桑德斯(Daniel Sanders)夸张地连用了三个"impressive"来形容浙江美术馆。这里的每个细节都令人赞叹,甚至有观众在看完展览后,又被窗外雨中的睡莲给迷住了。"这是如此高级文雅的艺术殿堂,能第一个进来是我莫大的荣幸,真是太激动了!"73 岁的浙江大学高级工程师陈怀祥如是说。书法爱好者李宗亭,带着太太和女儿细细看了每个展览,最后,一家人在艺术茶座走廊上驻足良久,他们的目光,停留在窗外天井水池里的睡莲间。"太优雅了,真美。"在他们身边,三位女士,买了三杯龙井坐下,聊了许久才离开。著名书法家王冬龄,面对着这样的展厅,若有所思。他的代表作《逍遥游》从未在浙江展出,就是因为没有足够大的专业美术馆。"这样好的硬件,会激发我们艺术家更大的创作欲望。"身边,著名画家卓鹤君连连点头,"以前我的展览都放在中国美术学院的美术馆,今天我们有了这样好的美术馆,对艺术家而言,也是个幸运的事情"。中国美术学院院长许江说:"美术馆还是一座城市的文化家园,多少艺术家将把在此举办展览视为一生的目标。"的确,来浙江美术馆举办展览,已经成为不少艺术家心心念念的事了。①

国内外设计师对于这个建筑都很认可,中国国家大剧院设计者保罗·安德鲁(Paul Andreu)由衷赞叹:"如果还有像浙江美术馆一样的建筑设计,请一定允许我参与。"德梅隆(D.

---

① 林梢青:《"莫拉克"也不能阻挡近万人对"美"的向往》,《今日早报》,2009 年 8 月 10 日。

Meuron)也对设计赞不绝口,并向程泰宁表达了热烈的祝贺。①

浙江美术馆开馆以来,每年举办各类展览 50 余个,在国内外产生广泛影响,2011 年成为国际现当代美术馆协会成员馆,2015 年成为国家重点美术馆。这座被西班牙米罗基金会代表誉为"很美很完备"的艺术归巢,从建筑到展品都充满浓郁的艺术气息,各种维度的美感经验,在这里可以找到各自的归属。去浙江美术馆看展,成了很多当地人的一种生活方式。时至今日,它不仅是杭州人最喜欢去的文艺地标之一,还成为文艺青年必去的拍照打卡圣地,人们在这里欣赏美,提升生活品位,感受城市精神,开启无限美妙的精神之旅。

□ 5．"三个合一"

2004 年程泰宁获得第 3 届"梁思成建筑奖"。该奖由中国建筑学会主办、国际建筑师协会大力支持,是面向世界引领国际建筑方向的奖项,是授予建筑师和建筑学者的最高荣誉。程泰宁不仅是该年度的唯一一位获奖者,也是他继 2003 年获第 2 届"梁思成建筑奖"提名奖后的再次获奖。

那时的他正处于创业十分艰难的时期,这份荣誉不仅是鼓励,也是对他这段时间努力和付出的认可和见证。也是在这一年,程泰宁的建筑理论研究达到一个高峰,他提出了"天人合一""理象合一""情景合一"(后简称"三个合一")的中观层次建筑创作理论。

---

① 周天晓、王婷、严粒粒:《浙江美术馆,一个文化地标惊艳世人的背后—丹青不渝美美与共》,浙江在线,2017 年 10 月 9 日。

建筑师的作品，其实是他某个阶段的思想在现实的投射。诠释程泰宁"三个合一"理论的作品有很多，如平湖李叔同纪念馆、建川博物馆不屈战俘馆、浙江美术馆等，都是他在新世纪的佳作，这些建筑实践同时反哺他的理论。其实他很早就开始思考这些问题了，也断断续续写过一些文章。后来，中国建筑学会副理事长张钦楠先生在组织"有中国特色建筑理论体系"文章时，让程泰宁写点东西，促使他把这些问题整合了一下。

结合现代理念和创作实践，程泰宁建构了一种自然有机、宏观整体的建筑观——自然建筑观。他认为建筑不是孤立的，而是自然的一部分，主张把建筑放在一个大的环境中来思考，此即他所谓的"天人合一"。从黄龙饭店到浙江美术馆，从联合国国际小水电中心到加纳国家剧院，他都把大环境（自然环境和精神环境）放在第一位。他的所有做法，都想淡化建筑的主体意识，以一种自然有机、宏观整体的思路来思考单体建筑的设计。

程泰宁作为建筑大家，曾有很多年轻设计师向他请教设计心得方法。在研究建筑创作的过程中，他找出了一些规律，将之归纳为"理象合一"。理是理性，象指意象。程泰宁认为，建筑师的理性思考，包括各种综合问题。而类似于"灵感"的"意象"，是建筑过程中一个最活跃的因素。一个好作品的产生，必然是理性思考和意象生成两者有机的复合、完美的匹配。

就建筑创作而言，程泰宁主张"情景合一"、形神兼备。他觉得由形式美提升至意境美，提高了建筑审美的层次。因此，情景交融是设计师应该努力追求的。

"天人合一"是程泰宁的建筑观；"理象合一"是他的创作

方法论;而"情景合一",则是他所追求的一种具有中国文化精神的审美理想。比如在浙江美术馆的设计中,建筑依山形展开,并向湖面层层叠落,起伏有致,这应是程泰宁追求的与自然和谐的"天人合一"的建筑观的体现;再看该方案功能合理,造型优美,正是"理象合一"创作方法论在作品中的体现;浙美粉墙黛瓦的色彩构成和穿插的坡顶造型,充分而自然地流露了一种江南韵味。对于一个处在杭州西湖畔的文化性建筑,这应该是符合了大师"情景合一"的审美理想。①

建筑思想的创新,在很大程度上决定了设计师的成功以及今后整个建筑行业的发展。有评论指出:

> 从程泰宁提出的"天人合一"理念里,可以看出他的建筑观是典型的东方的文化观、中国的哲学观。他已经把对建筑的认识上升到东西方文化的高度上,但是他没有盲目地崇拜西方的重个体、重分析的文化哲学,而是更坚信重和谐、重综合的东方文化更有生命力。……通过程泰宁的建筑创作理念和作品,可以看出他在现代建筑与中国文化结合上的艰辛探索,为年青一代的建筑师指明了前进的方向,也给那些沉迷在抄袭西方建筑大师作品的中国设计师们以最好的启迪。②

中国建筑学会近代建筑史学术委员会秘书长刘亦师,对程泰宁的建筑创新理念和建筑作品表示深深的钦佩和赞叹,

---

① 陈周燕:《中外建筑师设计理念的差异——以我国近年举办的大型国际建筑设计竞赛为例》,硕士学位论文,合肥工业大学,2009 年。

② 王廷航:《中国现代建筑应与中国文化有机结合——参观程泰宁院士作品展有感》,《中国勘察设计》,2011 年第 9 期。

他指出程泰宁在建筑创新与传承传统的路上探索了一个可行的方向,是大家学习的楷模。

钟华楠[1]、张钦楠在《全球化·可持续发展·跨文化建筑》一书中评价说:

> "情景合一、形神兼备"则是在对西方传统中的形式论加以理性吸收的同时,有把"形式美提示为意境美",实现了"跨文化"的美学创作观念。[2]

有室内设计人员,受程泰宁提出的"情景合一"的建筑思想启发,试图将之融入餐饮空间设计中,力求探索一种能促使消费者在餐饮空间中体会到的"情景交融"的境地的设计方法,以解决当前餐饮空间设计面临的具体问题。[3]

可以说,从"立足此时、立足此地、立足自己",升华到"天人合一、理象合一、情景合一",在理论渊源上既内在统一,又层层递进,开拓了中国原创建筑思想的新格局。

2005年12月21日,因为在建筑领域成绩斐然,程泰宁被评为中国工程院院士。消息刚一公布,《钱江晚报》记者章新马上给他家里去电。和他从大学时代就相恋、相知、相伴整整53年的夫人徐东平说:"老程在西安出差,这会儿他肯定还不知道呢。"

直到晚上11点,69岁的程泰宁只身出现在杭州萧山机

---

① 曾任香港建筑师学会会长。

② 钟华楠、张钦楠:《全球化·可持续发展·跨文化建筑》,中国建筑工业出版社,2007年1月。

③ 刘自爱:《餐饮空间的情景式设计方法研究》,硕士学位论文,广州大学,2010年。

场。从司机口中得知这个好消息后，他只说了一句："我九十多岁的父母听了会很高兴。"

习惯用作品说话的程泰宁，对于当选院士，心态很平和，他说：

> 评上当然是高兴的，但我希望当选院士能支撑我走一条自己的路，一个中国建筑师的路，这不仅是出于我对中国文化的了解和钟爱，以及认识到在跨文化发展的过程中，趋同性和多元化永远是一枚硬币的两面，更重要的是，通过自己的创作实践，我相信这条路是可以走出来的。①

---

① 谷伊宁：《专访我省新科院士》，《钱江晚报》，2005 年 12 月 14 日。

第八章 一生的邀请

□ 1. 在历史建筑的旁边

当选院士后,程泰宁不再为退休担心,把主要精力放在设计上,此后佳作迭出,屡获赞赏。2005年主持设计的银川国际会展中心,获浙江省优秀设计一等奖。2006年设计的中国海盐博物馆的设计项目获得江苏省"扬子杯"优质工程奖、浙江省"钱江杯"一等奖等省和国家级奖项。2007年设计的浙江龙泉青瓷博物馆,肩负起"城市名片"的重要职责,历史与现代碰撞出灿烂的火花,熔铸千古春色的青瓷仿佛从沉睡中被唤醒,惊艳了世人,吸引了无数目光。

2008年,他主持设计了南京博物院的改扩建项目。南京博物院(下简称"南博")是除北京及台北的两大故宫博物院之外,另外一座被冠以"博物院"之称的城市博物馆。南博设计之初,几乎全国所有的知名建筑师都参加了方案竞赛,负责确定方案的是著名建筑师梁思成、刘敦桢等人。最终,后担任香港建筑师学会第一任会长的徐敬直提交的方案中选。由于抗日战争爆发,仅建成现在的老大殿。随着时代的发展,原有展馆无法适应展陈要求,二期工程于2006年立项,

拟在历史建筑的基础上,将其扩充为集历史馆、艺术馆、民国馆、非遗馆、数字馆、特展馆于一体的"一院六馆"。

2006 年 7 月南博正式公布邀标文件,包括瑞士瑞盟、瑞士坎培、德国 KSP 建筑设计公司及国内清华大学、东南大学和江苏省建筑设计研究院等在内的国内外 20 多家设计单位都参与了竞标。然而 2 年时间过去,仍未确定最终方案。2008 年的某一天,程泰宁没有像往常那样在单位加班,而是留在家中,他在等一位客人,原来是南博的倪明副院长来请他出山参与二期设计。倪副院长诚恳地说:"我们想请您和另外一位院士一起竞标,另一位院士已经答应了……"

在这种情况下,程泰宁参与了竞标。2008 年江苏省政府召开第三次专题会议,最终决定采用程泰宁院士团队的设计方案。至此长达两年多的方案征集算是尘埃落定。虽曾设计过很多经典建筑,此次方案对程泰宁来说依然是一次巨大的挑战。最终他对南博二期的设计定位是:老大殿是具有深厚历史人文积淀的古老建筑,必须要陪衬它、突出它;另一方面,在与老馆互相协调的同时,新馆的设计必须有自身的独立形象。其后,他逐步形成了"补白、整合、新构"的设计理念。

"补白",意味着要以老馆的现有格局为主体。出于对传统的尊重,程泰宁把下沉的老大殿的地基整体抬高 3 米。抬升后的老大殿连一条最小的纵向裂缝都没有,这样也得到加固,可抵御 7.5 级地震,延续了建筑文化遗产的生命。为保持原有建筑群的中轴线不变,程泰宁把增建的一半以上的建筑"压"在地下,地上的新建筑退居一侧,建筑格局仍以"老大殿"为中心,充分体现了他的"补白"的谦虚态度。有评价说:"对老建筑的抬升和谦让的态度,可以看成是一种延续记忆、传承历史的过程。新建筑的置入和场地的整治、再利用则是从城市设计的层面活化了场地僵硬的状况和解决了历史遗留的矛盾。在中国当今社会建筑工程发展迅速、老建筑亟待保护与更新的背景下，这样的创新对于未来的文化建筑、历史建筑的更新设计将提供启发意义。"①

改扩建后的南京博物院鸟瞰图

"整合"，是他在此次设计中着力最多的。改造后的现代空间与传统元素自然衔接，呈现出一种独特的文化气质。至于新馆的设计也就是"新构"，程泰宁从布局、形式、空间与细部上来探寻新与旧的契合，所选用的材料、色彩乃至窗洞、立面上的每一根线条，都能在旧馆上找到蛛丝马迹，与老馆遥相呼应，语言形式却迥然相异，一看就是 21 世纪的建筑。

对于新建筑的造型设计，程泰宁从通感中获得具有独创意义的"灵感"。新馆的外立面像玉琮、青铜器，也似筒瓦、竹简。这些意象是如此的捉摸不定，又在气质上与老馆相融，构成的视觉和弦美丽且颇具奥义，大大拓展了观者的审美感受。

———————————

① 　龚稼绮：《基于历史建筑改扩建的博物馆设计方法——以南京博物院二期工程为例》，《建筑与文化》，2016 年第 7 期。

2013年11月6日,南博二期以"六馆一院"的面貌向公众开放。"扩容之后,南京博物院的展陈能力提高近10倍,过去只能展出四五千件文物,现在能够展出近5万件。"①

老馆不仅在功能上获得了新生,也更富有生机。新老展馆高低起伏,浑然一体。每个建筑都有属于自己的时代特征,但从宏观来看又风格统一,好像变奏曲一样,无论使用何种演奏方法,总有主题的影子在里面,可谓和而不同,不同而和。改扩建后的南博建筑群大气磅礴,古雅凝重,与厚重雄伟的金陵古城在气质上完美契合,博物院的形象也得以丰满,建筑的空间序列得以延续,从牡丹一朵变成了美不胜收的花园,让南博具有更打动人心的魅力。

改扩建后的南京博物院

南博二期建筑后被视为程泰宁历史气息最浓的作品,充分展现了程泰宁对历史建筑良好的领悟和把握能力。曾有建筑师在研讨会上说,南博新馆的设计是国外建筑师做不出来的。作为业内人士,这个评价相当中肯。

---

① 蒋芳:《南京博物院:80年的雄伟工程》,https://cul.qq.com/a/20131210/003158.htm。

□ 2．语言·意境·境界

程泰宁博学多才、儒雅谦和的大家风范，给人们留下了深刻印象，他也因此被称为儒匠。他的同事陈敬对其评价更多元："执着/超脱、强势/无奈、完美/妥协、激进/低调、喜新/守拙、大气/细节、自我/随和、荣耀/寂寞……"①终其一生，他都在接触不同学派的哲学，这令他的人格中多种异质文化冲突，充满矛盾。对各种思想流派的开放态度，使得他在兼容并蓄中不断精进自己的建筑思想。

通过比较，他发现中西文化对语言和形式的解读大有不同。20世纪西方哲学高度重视语言，滥觞于西方语言哲学的建筑学"语言"，对创作机制和建筑设计教学很有帮助。但那些接受了西方语言训练的建筑系学生，碰到具体项目时，仍有很多问题无法解决。因为这些建筑语言在不同程度上忽视了文化、心理和情感，在实践中起不到建筑"圣经"的作用。

程泰宁特别提醒中国建筑师思考：这种以"语言"为哲学本体、注重外在形式、强调"视觉刺激"的西方建筑理念是否也有其局限性？我们能不能走出"语言"，在建筑理论的创新上另辟蹊径？

结合丰富的创作实践经验，经过长时间缜密的理论思考，他逐渐建构起以"语言"为手段、以"意境"为美学特征、以

① 《程泰宁：建筑院士访谈录》，中国建筑工业出版社，2014年7月1日。

"境界"为哲学本体的一种具有中国特色的建筑理念。

他强调语言只是一种手段，可以承载各种创意，但最后的语言应该各式各样。就像他所做的建筑，虽然不断在变，但这个"变"，都是根据对中国文化精神的体会来的。在设计南博的时候，曾有许多年轻建筑师对他说："老师，您能不能把它设计得'酷'一点？"

程泰宁意味深长地告诉他们："'酷'不是难事，可是'酷'是要讲究场合的，很多时候，我必须得克制住自己，克制比张扬更难。"不久之后，他果然设计了一个'酷'劲十足的建筑出来，即温岭市博物馆。受温岭石窟奇石启发，程泰宁采用非线性的形式语言，将博物馆塑造成一块山石的形态。正是因为这样一种形式语言的选择与推敲，这个博物馆才能于周边混乱市井之中而自成一种气场，同时也与当地的石文化取得呼应。博物馆表达了温岭市四大文化之首的"石文化"，又恰恰建在石夫人山下，和自然、人文环境很契合。"石头"的瘦、透、皱、漏，别有一种中国韵味！① 这个作品荣获 2020 美国IDA 国际设计大奖金奖，同时入选第 27 届世界建筑师大会中国建筑展。

温岭市博物馆

---

① 付鑫鑫：《程泰宁："建筑"本天成，妙手偶得之》，《文汇报》，2019年 1 月 16 日。

刚做出来的时候许多人都很惊讶。有人感叹："这个作品太'酷'了！"

也有人对此深感困惑："大师的创作太善变了，作品的风格怎么都不一样？"

确实很难用一些简单的概念来定义程泰宁的设计风格，有人说他的作品看上去既不贴近"传统"，又不是异形怪状的"超前"；他既不是任何新潮理念的实践者，也不是原教旨文脉主义的拥趸……所有贴标签式的建筑实践都与他无缘。[①]在程泰宁看来，变化的只是语言、形式，但万变不离其宗，这个"宗"就是他的创作理念"三个合一"。

就像温岭市博物馆，虽然采用了非线性语言，但这里的非线性不是西方那种非线性，人们从这个博物馆里能够感觉到中国的味道。非线性语言在程泰宁手中只是一种手段，当这种西方前卫的建筑语言被他赋予文化意蕴后，一样可以呈现出中国韵味。

意境，一直被推崇为艺术创作的灵魂和精髓，指的是精神层面的创作要领，只可意会，不可言传。程泰宁所说的以"意境"为美学特征，是从人的情志和心理感受出发，超越物象的束缚，追求时空中的情感共鸣，追求"象外之象""境外之境"，使建筑更具艺术感染力。他觉得设计时若只是停留在"形式"层面，会给创作带来挥之不去的困扰。而"意"是无形的，为建筑师打开了广阔的想象空间，对中国建筑师来说更有一种天然的优势。

比如在设计不屈战俘馆时，为了表达战俘心中的悲鸣，

---

① 文敏：《话语缠绕中的沉思——程泰宁院士访谈》，《书城》，2011年第1期。

他有意识地弱化形式，想突出一种氛围与意境——压抑、扭曲、悲怆……这是他对战俘这一特殊人群心理的表达，并以此来打动观众，强化建筑的艺术感染力。在坚持"三个合一"创作理念的前提下，他主张"出奇创新，动态地探索一种自然和谐之美"，通过对中国文化精神的体悟，把意境这种虚无缥缈、难以把握的东西具象化，将审美体验上升到了精神层面。

程泰宁认为，建筑创作的最高智慧，是"境界"。在 2014 年第 10 届亚洲建筑国际交流会上做主旨发言时，他说：

> 何谓"境界"？使建筑、人与环境呈现一种"不期工而自工"的整体契合、浑然天成的状态，是我们所追求的"天人境界"。其二，使"纷沓的情思"得到"极自然表现"的"自然生成"，是我们追求的"创作境界"。理解并运用那些充满东方智慧的、具有创造性的思维方式。例如直觉、通感、体悟……这些具有创造性的思维活动（方式），需要在反复实践和思考中获得，它也体现了一种"建筑境界"。

把设计做得更加自然、没有矫作的痕迹，是他将中国文化精神转换到建筑上的理解。

这正是著名建筑师张在元所说的"泰宁尺度"：

> 时间与空间是我们对建筑·人的关系进行思考的一幅十字坐标系统。程泰宁在这一十字坐标系统中注入建筑的传统与现代两条复合轴线，使我们在其中可以发现"人性尺度"与"空间量度"的关系。……千回百折的"传统"与"现代"之争，基点是"我们的"时间。依据程

泰宁的"建筑十字坐标理论",在"传统"与"现代"的"时间"坐标系中,对中国时间尺度理解及把握的基点其实不在欧美,也不在日本,就在中国。①

张先生说的"尺度",指的是程泰宁对建筑设计过程中整体性与恰到好处的分寸感的把握。有了这样的"尺度",才能谈得上"境界"。

在程泰宁看来,就建筑创作而言,"语言""意境""境界"三者并无主次、高低之分,互为一体。语言如果脱离了所要表达的意境、境界,建筑师就会丧失创作活力,陷入僵化与重复;若缺少语言的承载,建筑就少了生活与情感的热度。

他提倡建筑师在充分掌握中外古今建筑语言的基础上,不断转化创新。以几个作品为例:浙江美术馆的设计,是在与自然环境、江南文化和谐共生的基础上,营造出天、地、建筑与人浑然一体的诗意境界;温岭市博物馆运用"数字语言"的手段,适宜性地创造出了一个不一样的非线性建筑,拓展了美学视界,同时表达了中国的调性,避免非线性设计的滥用。南京美术馆新馆则通过把建筑"架"起来的语言手段,营造出一种"云中山水"的意境。可以说,"语言"支撑了他的建筑创意。

南京美术馆新馆

① 张在元:《泰宁尺度》,《建筑师》,1997 年总第 77 期。

程泰宁把人们从语言哲学和线性逻辑思维模式中解放出来,以"境界"这一具有"东方智慧"的哲学思辨,来诠释建筑本体和建筑创作机制,同时包含符合建筑内在规律的"天人合一"的认识论,和"理象合一"的方法论,更触及了方法论上的体系思考这一关键问题。这种科学的创作范式,对于中国建筑师来说简直是"授之以渔",年轻设计师完全可以应用这些理论直接进行作业。

"在中国古代,美学思想是丰富多彩的,但比较分散,没有形成体系。'美学'这一门学问,在某种意义上来看,可以说是一个'舶来品'。"①美学在蔡元培、朱光潜、宗白华、李泽厚等多位前辈美学家推介下,逐步在国内发展起来了。其后对建筑美学的诠释,也是在中国古代建筑的主体——木构架体系的基础上进行的,如著名美学家李泽厚的《美的历程》"建筑艺术"一节,讨论的即是木结构和园林艺术。在现代中国建筑美学这一块,国内的美学思想几近空白。

随着崛起的中国逐步走向世界舞台的中央,而西方美学自 20 世纪末开始陷入困境,程泰宁的建筑美学思想应运而生。可以说新时代给了程泰宁开宗立派的机会,他从"三个立足""三个合一"到"语言、意境、境界",挖掘并提炼中国原创美学思想,使之成为中国美学新讲述的重要命题。

□ 3．超越建筑师的卓越之举

谈到建筑时,程泰宁常常脱离建筑之外,绕到文化、历

---

① 季羡林:《美学的根本转型》,《文学评论》,1997 年第 5 期。

史、哲学的层面去。在他看来,"建筑除了要让人眼前一亮还要让人感受到文化内涵。会设计的建筑师充其量只能算'匠人',而真正的艺术家,就像陆游说的,'功夫在诗外'"。受艺术理论的启发,他将诗人般的情感思维和绘画所描写的意境,不留痕迹地融入建筑设计理念之中,不断创造出具有一定美学价值的、由型入境的建筑形象。他的作品不仅具有诗画的意境,还具有文人的书卷气质,这是很多建筑师无法企及的。

文人风范在程泰宁身上的体现,也表现为他极强的社会责任感。"心之所向,素履以往",古代文人身上的那种执着的精神气质,他亦庶几近之。在当代中国前路迷茫的建筑文化背景下,作为建筑师,程泰宁感到前所未有的重大责任。

近年来,国外建筑师在中国建筑设计投标竞赛中,几乎战无不胜。曾有人做过专门调查:

> 根据《中国建筑艺术年鉴》(天津大学出版社)一书中"中国建筑艺术大事记"所列举的我国举办的大型国际建筑设计竞赛进行比较,从中选取了 2000 至 2006 年之间的 13 个竞赛方案。所选取方案的中标设计师的阵容非常"豪华",如库哈斯、赫尔佐格、程泰宁、赵小均等,大都是国内外享有盛名的著名建筑师,他们在一定意义上分别代表了中外建筑师设计理念的风向标,能引领国内、国外建筑设计风潮,使得此次比较更具实际意义。在所选出的 13 个大型国际竞赛中,国内建筑师作品仅有 4 个,仅占 30%;国外建筑师作品有 9 个,占 70%。如果除去合作设计以及在外方公司的中国设计师,真正最后按中方设计师设计意图建成的,只有一个——程泰宁

大师的浙江美术馆，这的确值得我们深思。①

如今，中国正在成为西方建筑师的"试验场"。就说央视被戏称为"大裤衩"的总部大楼吧，为了造型需要，竟然挑战力学原理和消防安全底线，留下严重的安全隐患，且工程造价极高。在国外，建筑师要为所设计的建筑的全生命周期负责；可在中国，西方建筑师拿了天价设计费，建筑出了问题，却要中国政府买单。

程泰宁认为这种违反建筑本原的非理性倾向，值得人们关注。如果任此继续下去，不仅严重挤压国内建筑师的生存空间，更会在文化意识层面，对中国传统的建筑形式造成冲击。其实在中国建筑界，越来越多的有识之士，已经开始意识到这些问题，媒体也曾多有报道，只是这些议论缺少深入的思考，发声能力也较为不足。

2007年1月25日，程泰宁受聘为浙江大学求是讲座教授。2008年，母校东南大学力邀程泰宁回归"传道授业解惑"，程泰宁欣然接受。2009年，由他担任主任的东南大学建筑设计与理论研究中心成立，身兼建筑师、教师、学者三重身份的他，肩负起更重的责任。不久，他向中国工程院申报了课题《当代中国建筑设计现状与发展研究》，希望通过研究，将成果形成院士建议书，直送国务院。

课题提出后，有人忧心忡忡地劝程泰宁放弃，担心他因此得罪人，再也接不到工程；也有些人向程泰宁发牢骚，觉得建筑的问题说了也白说。但程泰宁觉得，如果建筑师自己都

---

① 陈周燕：《中外建筑师设计理念的差异——以我国近年举办的大型国际建筑设计竞赛为例》，硕士学位论文，合肥工业大学，2009年。

不发声,就更积重难返了。

为了让大家了解到问题的严重性,他专门在学部会上做了一次发言,呼吁建筑界发出自己的声音,进行思考和反思。他的倡议得到了大家的赞同。在工程院领导和众多院士的支持下,这个课题被定了下来,于 2011 年立项。程泰宁在东南大学主持的"建筑设计与理论研究中心"作为牵头单位,邀请了南京大学、同济大学和清华大学的学者,共同组成课题组启动研究,后将 4 年间调查总结的经验,融在《当代中国建筑设计现状与发展》《中国当代建筑设计发展战略》两本书里。

2013 年 11 月 21—23 日,由程泰宁主持召开的国际工程科技发展战略高端论坛在南京召开。这是新中国成立以来,第一次由中国工程院主办的有关建筑的最高级别论坛,参会人员既有建筑专业的院士,也有国内外知名的建筑学者与建筑师。在课题组的研究基础上,集纳此次论坛的会议观点,结合建筑界顶级专家的智慧,由程泰宁牵头完成了一份"当代中国建筑设计现状与发展"的院士建议书上报中央。这份建议书直击中国建筑界存在的"八大乱象",获得了中央的关注和批示。一年后,习近平总书记在讲话中特别提到"不要搞奇奇怪怪的建筑"。①

程泰宁在这些课题中所扮演的领导角色,显示出他高度的责任心和组织能力。《建筑评论》的主编金磊赞他是:

业界堪称具有可持续发展之思且以人文主义心态

---

① 《习近平提不要搞奇怪建筑　减少奇葩建筑　符合共同审美》,《华西都市报》,2014 年 10 月 17 日。

从事创作的大家,这是超越建筑师的卓越之举,在(程泰宁)身上凸显了社会责任。

□4.来自西方的关注

习总书记批示"不要搞奇奇怪怪的建筑"之后,国内建筑环境稍有好转,随即又恢复老样子,仍更欢迎国外的建筑师来设计城市地标,中国本土建筑师在话语权上的缺失,已是行业常态。这令程泰宁极为痛心,觉得大可不必如此自我贬低,中国建筑师并不差。其实他自己就是一个很好的例子。28 岁时他参加国际竞赛就小试了一把;后在黄龙饭店项目上全胜境外建筑师;如今他仍积极参加国际竞标并大有斩获奖项,最近赢得"厦门新会展中心"国际竞标的设计权。面对海外顶级设计师团队,他丝毫不怵,可以说在良性竞争条件下,对手越强,越能激发他的创作潜力。他认为中国建筑师经过这么多年的磨炼,有不少人已展露才华,他们的作品不仅在国内专业界评价不错,也很受国外建筑界的重视,倒是国内一些决策者不认,实在是荒唐。这让程泰宁认识到,在国内外宣传中国建筑,不仅必要,而且迫切。

以作品和理念让世界了解中国、了解中国建筑师,是程泰宁长期以来的夙愿,亦是他一直努力的方向。2004 年 2月,程泰宁应罗伯特·斯特恩和特里(Terry)之邀,到美国麻省理工学院和耶鲁大学进行了为期 9 天的讲学活动。因为在麻省理工交流效果颇佳,在程泰宁赶赴耶鲁大学的途中,收到了哈佛大学的一个研究机构的电话,欲邀程泰宁去哈佛做一场讲座。可惜当时重返哈佛已来不及,程泰宁只能建议他们可来耶鲁大学听他的讲座。

对全美建筑设计第一的耶鲁大学的建筑系师生演讲时，程泰宁介绍了 20 世纪 80 年代以来国内建筑设计的发展情况，以及西方现代建筑对中国建筑界的影响。当天赶来听他讲座的有两百多人，除了耶鲁大学的学生和建筑学院的所有教师，还有其他学校的学生和当地的一些建筑师。程泰宁也成为在耶鲁大学举办讲座的第一个中国籍建筑师，是继安藤忠雄之后、第二位用母语演讲的外国建筑师。

演讲结束后，院长罗伯特·斯特恩设晚宴招待程泰宁，席间和程泰宁交流时，他认为程泰宁很有演讲能力，表达有感召力，教师们对他的讲座内容和项目很感兴趣，说他的作品很有中国特色，让他们对中国建筑文化和中国建筑师有了全新的认识……

在这种很高的国际学术平台进行平等交流与对话，这样的机会对程泰宁来说可谓寥寥。从建筑背景来看，他出身草根，既不是背靠大的设计院，又向来单打独斗，几乎没有什么渠道对外宣传自己。然而事实却是，程泰宁的作品一直受到西方的关注。

2004 年程泰宁在耶鲁大学讲座

　　早在 1994 年他就受邀参加了第 5 次贝尔格莱德世界建筑双年展,在"12 个国家的 12 位建筑师"栏目中,作为中国建筑师和诺曼・福斯特(英)、理查德・迈耶(美)、菊竹清训(日)等一起,展出了黄龙饭店、加纳国家剧院、杭州铁路新客站以及河姆渡遗址博物馆方案。1999 年他的两个作品(加纳国家剧院和马里共和国会议大厦),被选入《20 世纪世界建筑精品选》。特别要说明的是,这两个作品并非国人推荐,而是由美国学者和南非建筑师举荐。由此可见中国建筑师在国际建筑界已经具有一定的影响力,开始传达属于中国的声音和思想。

　　纽约"发展项目"创始人、独立策展人、建筑评论家弗拉基米尔・贝罗戈洛夫斯基曾如此评价这两个项目:

　　　　直到 20 世纪 80 年代中期,中国才开始在西非建设新的项目。其中两个重要项目——中国 1989 年至 1994 年在马里巴马科完成的马里会议大厦和 1989 年至 1992 年在阿克拉修建的加纳国家大剧院。它们反映了中国在西非文化转型的影响力以及中国重返世界舞台的过程。……这两座建筑的设计者都是当时杭州建筑设计院院长程泰宁,他对非洲的建筑表达和文化生产进行了特别的诠释。程泰宁从未去过加纳,但他希望加纳国家大剧院的设计能够捕捉到非洲文化表达的'无拘无束的、夸张的'特质。类似地,在马里会议大厦项目中,程着意营造出抽象的非洲屋顶形态并借鉴了当地的织物图案。①

---

　　① 〔美〕弗拉基米尔・贝罗戈洛夫斯基:《关于中国当代建筑的思考》,《时代建筑》,2018 年第 2 期。

这次去美国讲学，程泰宁获悉自己的两个作品（加纳国家剧院和杭州铁路新客站），被收入到美国学者的《20世纪的世界建筑》德文版著作。这是他没有料想过的，因他从未对外宣传过这些作品，特别是杭州铁路新客站的设计，完全是按照国人口味做出来的。其实这也证明艺术无国界，只要是能够令人心灵感动的作品，都会在受众中引起共鸣。

2010年，曾设计戴高乐机场候机楼、中国国家大剧院的法国建筑大师保罗·安德鲁访杭，主办方邀请程泰宁与他对话，程泰宁婉拒了。却未料到保罗·安德鲁再次传话给他，说自己特地去看了浙江美术馆，非常有感触，想跟他交流一下。于是程泰宁也就去了，因为大家有了平等对话的基础。甫一见面，保罗·安德鲁马上开始称赞浙江美术馆，程泰宁也客气地称赞了一下他的作品。保罗看出了程泰宁的客套，突然严肃起来，把手放在胸口说："和你见面，我由衷地感到高兴。"搞得程泰宁很不好意思。两人后来聊得颇为投契。保罗·安德鲁客观评价说："从某种程度上说，中国建筑师和国外的建筑师已经基本上是属于一种平等对话的状态了。"程泰宁觉得国内建筑领域若也能形成这种共识就好了，可惜部分国人对西方建筑师的迷信已经根深蒂固，甚至处于一种集体无意识状态。

2015年的某一天，程泰宁收到一份来自澳大利亚视觉出版集团（The Images Publishing Group Pty Ltd）的出书邀请。这家总部位于墨尔本的著名出版集团，在国际建筑设计图书的出版领域声望很高，曾经出版的建筑大师和著名建筑设计事务所系列丛书，在业界颇具影响力。他们这次力邀程泰宁参与的建筑大师系列丛书，全景式地介绍了世界知名建筑大师，如西萨·佩里、特里·法雷尔、墨菲/扬、黑川纪章、摩

西·萨弗迪等。程泰宁是被视觉出版集团选中的建筑大师系列丛书(最新分册)的第一位中国建筑师。按计划,这本书将与安德里安·史密斯、贝聿铭、扎哈·哈迪德等分册一起出版发行。

虽然对自己被选上有点意外,不过程泰宁认为这是一个很好的机会,可以在国际建筑交流平台上展示中国建筑师的风采。2017 年 9 月,《大师系列·程泰宁建筑作品选》正式出版发行,程泰宁成为第一位被国外知名出版社收入世界建筑大师系列的中国建筑师。

这本作品集出版后,澳大利亚视觉出版集团创始人保罗·莱瑟姆评价说:

> 这将是一部经得起时间检验的作品,奠定程大师作为 21 世纪全球建筑界之基石的重要地位,这位杰出人才和他的天才创想,无疑将让今后的许多作品从中受益。我也希望视觉出版集团能够与这位建筑奇才在这伟大的征途中继续并肩前行。

2016 年,程泰宁的"老板",筑境公司总经理胡新带着孩子在波士顿旅游,偶然发现一本在欧洲出版的少年科普读物《世界建筑地图》。这本 16 开的硬皮画册并不厚,只收入 80 个国家的 100 多个建筑,有金字塔、巴黎圣母院,中国的布达拉宫和万里长城,加纳国家剧院也位列其中。由此可见,这座极具风格的经典建筑,影响力十分巨大。

耐人寻味的是,所收入的这些著名建筑之中,设计者只有程泰宁是中国现代建筑师,而且土生土长地来自中国,没有任何海外留学经历及工作背景。这点不同特别有意思。

□ 5．逆行者

在程泰宁 60 年的建筑实践中，他每周工作 7 天，坚持自己画草图，享受做设计的乐趣，用 150 多座建筑作品、1 万多张建筑手稿以及 100 多万字的学术论著，垒起一条筑境之路。

2018 年，包括杨振宁、潘建伟、饶毅、施一公和程泰宁在内的 14 位科学家与腾讯基金会共同发起设立"科学探索奖"，以鼓励 45 周岁以下的青年科技工作者，在九大"基础科学研究"和"前沿核心技术"领域探索未来。这 14 位大名鼎鼎的科学家，每位领衔一门学科，其中杨振宁担任"科学物理组"的评委，建筑泰斗程泰宁则担任"交通建筑组"的评委。

当各种荣誉忽然而来，有一些程泰宁不能躲，因为是责任，关乎建筑创作，否则心有不安；有一些，他必须去做，因为事关中国建筑文化的交流和传播。

2018 年 9 月至 2019 年 5 月间，程泰宁建筑作品展分别在南京博物院、同济大学博物馆与中国国家博物馆举办。此巡展撷取了程泰宁最具代表性的建筑作品，展现了他对中国当代建筑创作实践与理论建构的深层思考。

程泰宁一直希望能把与建筑文化相关的事交给大家一起做。2018 年，他促成"中国建筑学会建筑文化学术委员会"成立，由此搭建了一个公共平台，广大建筑从业者可以在这个国家层面的平台上，开展与建筑文化研究相关的学术交流。

作为第一位也是至今唯一一位被国外知名出版机构收

"追梦·山水间"程泰宁院士建筑作品巡展(南京站)

入世界建筑大师系列的中国建筑师,程泰宁以多个经典之作和独特的思想印记,在世界建筑之林留下中国建筑师的名字。自杨廷宝、梁思成等中国第一代建筑大师始,一个多世纪过去,中国涌现出一批批功底非常深厚的建筑大家。程泰宁能以在现代中国建筑发展的历史长河中脱颖而出,领一代风骚,是因少有人像他那样,以坚韧的信心忍人之所难忍,行人之所难行,一路向前,不畏艰辛。每当狂风大作,他都会逆风而上,用自己的努力与坚持突破封锁,最终到达目的地,以毕生的坚守来回应建筑对他"一生的邀请"。

其实他本是一个简单到极致、特别纯粹的人,只因对建筑的痴爱,才支撑着尽最大的努力,熬过一场场的磨难,一次次地"死而复生"。由于发展空间确实有限,他能做到这种程度真是很不容易,已经超出了筑境设计、东南大学的平台能给予他的帮助。没有背景是程泰宁的劣势;他也有着别人无法比拟的优势,那就是强烈的自信和坚持。

他最厉害的,就是把一件事做到极致,且坚持做一辈子。一做就是 60 年,这深情,所为何来?"我一辈子所做的工作,就是想以自己的思想、理念和作品,让世界了解中国,了解中国建筑师。"这是程泰宁一辈子的追求,让他显得特别"酷"。带着这样的执念,他勇敢地坚持着,60 年只做一件事,一日复一日，一步又一步，用匠心撰写着建筑史诗，亦去积累空间感受，将中国建筑思想无法预料的深度加以呈现。

建筑总是最直观地代表时代、文化与国家：一座神庙代表了古希腊，一道巍巍长城象征着中华文明。器以载道，建筑师设计的不仅仅是赏心悦目的建筑，更重要的是内在文化的传承，在满足功能需求的同时，也给予人精神上的享受。

缘于对民族、对社会的责任感，程泰宁通过独特的建筑语法，巧妙地将中国博大精深的文化内涵，植入人们生活的基因，更好地完成中国文化的传递和传播。这位有着远见卓识的天才建筑师，为了建构一个更好的环境，寻找永续的生活方式，最终跳出了建造活动的圈子。在当今世界建筑价值取向混乱的情况下，他坚持独到的见解与创新，绝不随波逐流，以其独到的建筑美学思想，传播中国，影响世界：

> "程泰宁有选择有变通吸取古今中外的建筑文化，加以综合创新，产生了有新意的富有生机的建筑样态。他是一位学术并茂、文武双全的建筑大匠。"
>
> ——吴焕加（清华大学教授）

> "用他自己一生的这样一个经历，塑造了一个真正的一个有所追求的职业建筑师的这样的一个形象，从建筑师的角度来讲，又完全能够理解的这么一个状态。这是我觉得，最感佩的一点。"
>
> ——李兴钢（中国建筑设计研究院副总建筑师）

> "他在寻找着一个很精妙的一种处理的方式，来追求做中国传统意味的现代建筑，在这一点上我觉得应该

说是他影响到我们。"

——柳亦春（大舍建筑设计事务所主持建筑师、创始合伙人）①

"作为建筑师，程泰宁并不认为自己的职责仅在于为民众提供公共文化基础设施。他将自己看作一个促成者——致力于寻找一种建筑形式，以唤起民众对于地域特征与集体身份的认知。对他来说，设计的目的是'究天地人文之际，通古今中外之变，成建筑一家之言'。从江南文化古老而宏大的宇宙观和世界观中，程泰宁凝练出自己的空间建构手法，并将其与现代生活贴合。这使得他的作品恰当地出现在场景中，并与历史意象紧密相连……"

——亚历山大·佐尼斯（著名建筑学者，曾执教于哈佛、耶鲁、哥伦比亚大学及麻省理工学院）

"新世纪令人炫目的技术奇迹，不能掩盖人类生存环境日益恶化的现实。面对这种状况，所有有责任感的建筑师无不感到所面临的巨大挑战。中国建筑师所面临的巨大挑战。中国建筑师所面临的局面就更为严峻。"这是写在杭州建研所成立之初的一段话。二十多年过去，这番话依旧适用。

起风的时候，程泰宁总会想起往事：工作不久即被逐江门；回京后在高起点上渐入佳境，却逢"文革"，在临汾苦拼十年；调入杭州市院后又屡陷困境；打出了名气，却临退休窘

---

① 《匠·新：儒匠程泰宁》，https://www.seu.edu.cn/2018/0412/c17408a212877/page.htm。

境;被逼创业后,初期依然步履维艰……一路走来,风吹不休。或逢凄风,或遭朔风,或困颓风,或陷霾风,或受制于悲风。每当狂风大作时,都会尝试逆风而行,从而到达自己的目的地。回首来路,他无奈地发现,自己竟生来是一个逆风者。

> 狂荡的西风哟,……在你的川流之上,长空中巨浪滔天,乱云翻滚犹如大地败叶摇落……我倒在人生的荆棘之上,血流不止!……愿你,狂荡的精灵,合为我的灵魂!愿你就是我这个人!吹吧,将我未遂的心愿吹遍乾坤,就像你卷走枯叶催促新的生命!请放歌长吟,借这诗文法力无垠,将我的心声撒遍那芸芸众生,如从未灭的炉膛扬起点点火星!①

风吹如故。他仍旧在刺骨的寒流中逆风前行,尽管有时摇摇晃晃,却坚定地、自信地走向前方。

---

① 秦茂莉:《〈西风颂〉四种译文的比较赏析》,四川西部文献编译研究中心:《外语教育与翻译发展创新研究》第七卷,四川师范大学电子出版社,2018 年 6 月。